HEYNE BÜCHER SACHBUCH

Ella Maillart

Außer Kurs

Die Reise einer mutigen Frau in die unendlichen Weiten Rußlands

Mit einem biographischen Nachwort

Aus dem Französischen von Elisabeth Brungger

WILHELM HEYNE VERLAG
MÜNCHEN

HEYNE SACHBUCH
Nr. 19/2023

Titel der französischen Originalausgabe von 1932:
PARMI LA JEUNESSE RUSSE: DE MOSCOU AU CAUCASE

Taschenbuchausgabe
im Wilhelm Heyne Verlag GmbH & Co. KG, München

Printed in Germany 1993
Lektorat: Heidi Lauper/Brigitte Ebersbach
Umschlagfoto: Silvestris Fotoservice, Kastl/Obb.
Umschlaggestaltung: Atelier Adolf Bachmann, Reischach
Satz: Clausen & Bosse, Leck
Druck und Verarbeitung: Ebner Ulm

ISBN 3-453-06514-X

INHALT

U.R.S.S d'Europe.
Train
Frontières d'Etats
Itinéraire Ella Maillart
Paris
Berlin
300 Km.
Mourmansk
CERCLE
POLAIRE
Mer BLANCHE
Arkhangelsk
Monts OURAL
Dvina
Kama
FINLANDE
Onega
Ladoga
Perm
Helsinki
Léninegrad
BALTIQUE
Reval
Kostroma
Iaroslavl
Njini-Novgorod
Kasan
Oufa
Volga
Riga
Moscou
Oka
Moskva
Oulianovsk (Simbirsk)
Samara
Duna
Toula
Niémen
Kovno
Vilna
Minsk
POLOGNE
Stolpce
Niegreloie
Dniepr
Saratov
Varsovie
Kiev
Kharkof
Stalinegrad (Tsaritsin)
UKRAINE
Lemberg
Don
Astrakhan
MER CASPIENNE
Dniestr
Prout
BESSARABIE
Rostov
Nicolaïev
Mer d'Azov
Kerson
Odessa
Novorossisk
Kislovodsk
Kotliarevskaïa
Elbrouz
Naltchik
Sébastopol
Yalta
Touapsé
Sotchi
CAUCASE
Vladikaukaz
Kasbek
Gagri
Soukoum
Poti
Koutaïs
Bakou
Bucarest
MER NOIRE
Batoum
Tiflis
Danube
GÉORGIE
Arak
Constantinople
Angora
TURQUIE
50
60
40

Erster Teil

MOSKAU

1

BERLIN – MOSKAU

Bahnhof Friedrichstraße. In der Tasche eine Fahrkarte nach Moskau, vor mir der Koffer und der Rucksack – die beiden Dinge, von denen ich mich nie trenne. Ich stelle mit Verwunderung fest, daß ich aufgeregt bin. Ich, die ich normalerweise in einen Schnellzug steige wie andere Leute in einen Autobus, habe tatsächlich das Gefühl, zu verreisen. Das ist mir noch nie passiert seit jenem Tag, als ich mich allein aufmachte, Paris zu entdecken, in der Tasche den Stadtplan, auf dem ich das Kommen und Gehen der Helden von Balzac und Dumas verfolgt hatte.

Die von Frankreich kommenden Geleise zeichnen in der Abendsonne vier glänzende Bogen. Das glitzernde Metall führt an meinen Füßen vorbei bis hin zur russischen Grenze.

Vor mir am Kiosk schreit es mir in fetten Großbuchstaben entgegen: »Matin«, »Times«, »Humanité«, »Prensa«, »Freie Presse«, »Corriere della Sera«, »Berliner Tagblatt«, »Prawda«. Vielfalt der Farben und der Sprachen! Ein anderes Alphabet. Verschiedene Rassen, ferne Länder... Noch ist nicht alles gleichgeschaltet, und ich bin jung und begierig darauf, die Welt zu entdecken...

Der Zug fährt ein. Mit geschultertem Rucksack, aus dem der Stiel meiner Bratpfanne hervorguckt, schneide ich einer eleganten, aus Paris importierten Dame den Weg ab. Mein Koffer im Gepäcknetz zerknittert einige französische Zeitungen. Im Gang riecht es nach kaltem Maryland-Tabak.

Auf dem anderen Geleise die Untergrundbahn. Züge bremsen und fahren wieder los. Man liest den »Tempo«. Wir fahren über der Berliner Altstadt. Auf dem Kanal schiebt ein Kahn mit seiner runden Nase die kompakte Wassermenge vor sich her. Die Fabrikschlote heben sich schwarz vom hellen Frühlingshimmel ab. Mir gegenüber sitzen zwei Reisende, die mich gleichzeitig ärgern und belustigen. Ihr Anblick wäre mir erspart geblieben, hätte ich wie üblich eine Fahrkarte für die dritte Klasse gelöst. Aber man hatte mir gesagt, daß es sich »schlecht machen« würde, als armer Teufel in Moskau anzukommen! Nun denn, ertragen wir halt den Katarrh eines schlaffen Tattergreises. Halberstickt baggert er den Schleim aus seinen Bronchien und zieht sein Taschentuch hervor, den mit Gold und Wappenzeichen beladenen kleinen Finger elegant abgespreizt. In der anderen Ecke bläst eine füllige Raucherin Wolken in die Luft, als ob ihr Leben davon abhinge.

* * *

Die Reise übt eine ganze besondere Macht auf mich aus: Das unablässige Rollen scheint die Ernte meiner Gedanken zu mahlen; das Rütteln siebt auch jene, die ich für die beständigsten hielt. Oft ist das Resultat eine traurige Überraschung, unbrauchbares, graues Mehl, aber ich sehe dann die Tatsachen so, wie sie sind. So verbinden sich für mich in ganz Europa bestimmte Bahnreisen mit bestimmten Erkenntnissen über mich selbst oder mit dem plötzlichen Begreifen einer Wahrheit.

Ich habe etwa 200 Dollars in der Tasche – 20 Hoteltage –, und ich bin entschlossen, so lange wie möglich damit auszukommen. Es heißt, man brauche zehn Dollars pro Tag, um in einem Hotel bescheiden zu leben. In meinem Rucksack sind Butter, Biscuits, Zukker, Tee, Trockenfrüchte, Reis, Wurst und Porridge – meine üblichen Vorräte bei Segeltouren und Bergwanderungen. Da die Nahrungsmittel in Rußland knapp sind, scheint es ratsam, Vorräte mitzunehmen. Angeblich soll es für eine Ausländerin unmöglich sein, sich frei zu bewegen. Ich bin neugierig, ob das tatsächlich so ist.

Ich fahre einem Land entgegen, von dem ich keine feste Vorstellung habe. Ich hatte zu viele widersprüchliche Informationen, die sich gegenseitig aufhoben. Wörter wie Kreml, Kosake und Newa rufen in mir nur unklare Bilder hervor. Noch gehe ich etwas Abstraktem entgegen, und ich bin gespannt, was mich in Rußland, das mit der sozialistischen Gesellschaft das kühnste Experiment der Neuzeit wagt, erwartet. Vor allem bin ich gespannt auf die jungen Menschen, die Zwanzigjährigen, die die alte Welt nicht mehr gekannt haben und für die der neue Staat aufgebaut wird.

* * *

Mitten in der Nacht werde ich durch Schreie aus dem Schlaf gerissen. Der Zug hält. Wahrscheinlich sind wir in Warschau. Der alte Herr ruft vergeblich mit wuterstickter Stimme nach einem Kofferträger. Mit viel Lärm steigt er endlich aus. Die Dame hat im Dragonerschritt den Zug verlassen. Welche Erleichterung! Ihr karierter Pullover, außerstande ihre Leibesfülle zusammenzuhalten, war nahe daran zu platzen. Gestalten aus dem alten Europa – lebt wohl!

Der Zug fährt weiter. Wälder, Sümpfe, niedrige Strohdächer. Eine Bäuerin mit rotem Kopftuch geht barfuß auf einer lehmigen Straße. Zum ersten Mal sehe ich ein Pferd mit dem Holzbogen, der Duga, um den Hals.

Im Speisewagen sitzt mir ein österreichischer Ingenieur in gut geschnittener Golfhose gegenüber. Einmal pro Monat fährt er geschäftlich nach Moskau. Er reserviert sein Zimmer immer im »Savoy«, »dem einzigen Hotel, das in Frage kommt«.

»Gibt es in Moskau kleine Restaurants, in denen man billig essen kann?« frage ich ihn.

»Da werden Sie kaum hingehen«, antwortet er, »denn dort sind Ihre Tischnachbarn Bauern in stinkenden Stiefeln, die sich mit der Gabel am Kopf kratzen.«

In Stolpce, dem letzten polnischen Bahnhof, geht der Ingenieur ins Bahnhofsbuffet und holt zwei große, runde Brote.

»Das russische Brot ist ungenießbar«, erklärt er mir. »Und der berühmte Tee? Gräßlich!«

Die untergehende Sonne fällt auf den von Stacheldraht umzäunten polnischen Grenzposten. Über dem Geleise grüßt ein sowjetisches Spruchband die Arbeiter aller Länder. Leider kann ich den ehrenvollen Namen ›Arbeiterin‹ für mich nicht in Anspruch nehmen, denn ich bin eine unverbesserliche Faulenzerin.

Niegoreloje, der sowjetische Zoll. Weniger Fragen als bei der Ankunft in England. (Wie könnte man auch zum Beispiel im voraus seine Adresse angeben?) Ich brauche nur eine Genehmigung, um später die Fotos, die ich machen werde, wieder ausführen zu können; allerdings müssen sie vorher entwickelt worden sein.

Den Zuschlag für die obligatorische Platzkarte, mit der man ein Recht auf einen Schlafplatz hat, bezahle ich dem Kofferträger. Das Abteil »weiche Klasse« mit den grauen Stoffüberzügen ist riesig. Um den Koffer in den Gepäckträger hinaufzuhissen, muß man genau zielen. Eine dort oben vergessene Seife, eingewickelt in eine Seite einer russischen Zeitung, verbreitet ihren Duft. Es ist ein neuartiger Geruch, sehr süß und trotzdem angenehm.

Beim Durchforsten des Zuges stoße ich in einem mit lackiertem Holz ausgekleideten Luxuswagen wieder auf den Ingenieur. Er bietet mir eine Tasse blassen Tee an.

Ich teile mein Abteil mit einer freundlichen Alten mit Kopftuch. Sie kommt aus Holland und fährt zu ihrem Sohn nach Moskau. Sie hält mir eine Adresse hin und bittet mich pausenlos um Erklärungen, die ich ihr nicht geben kann.

In Minsk sind alle Mitteilungen an die Reisenden in vier Sprachen und drei Alphabeten angeschlagen: russisch, polnisch, jiddisch und weißrussisch.

In der Nacht nimmt eine junge Frau in unserem Abteil Platz. Braune Baumwollstrümpfe, sehr einfacher Rock und Bluse, kurzgeschnittenes, glattes blondes Haar, auf der Seite mit einem weißen Kamm zusammengehalten. Kräftiger Körperbau, ein offenes, entschlossenes Gesicht, helle Augen. Mit einem Satz schwingt sie sich auf den oberen Liegeplatz – der moderne Typ der jungen Russin.

2

ERSTE KONTAKTE

Am Morgen erwache ich im Bahnhof von Moskau. Auf dem Nebengeleise lösen drei Arbeiterinnen in Rock und Mütze eine Schiene. Vor dem Bahnhof ein unregelmäßig gepflasterter Platz mit einem alten Triumphbogen im Stil der Porte Saint-Martin von Paris, einer russischen Kirche mit mattglänzenden Kuppeln und zweistöckigen Häusern.

Man sagte mir, daß ich bei Taxifahrern aufpassen müsse. Es komme leicht vor, daß ein geschickter Finger den Zähler höherstelle. Doch es ist ohnehin kein Taxi in Sicht. Der letzte Iswoschtschik – ein kleiner Allzweck-Lastwagen – ist zum Platzen voll. Ein jiddisch-deutsch sprechender Junge bietet mir seine Führung an. Aber ich lehne ab.

Am Zeitungskiosk kaufe ich einen Stadtplan, der mich die ganze Zeit begleiten wird. Mit seiner Hilfe finde ich den richtigen Bus ins Stadtzentrum. Ein Träger bringt mich zu einer Holzbaracke, in der die Gepäckaufbewahrung untergebracht ist. Bauern stehen davor Schlange. Der Träger schiebt sich hinter den Schalter und bringt mir gleich darauf einen Empfangsschein. Mit leeren Händen und freudig gehe ich Moskau entgegen.

Der dunkelrote Autobus fährt mich für zehn Kopeken durch die Twerskaja, eine lange, gerade Straße mit unregelmäßigen, zweistöckigen Häusern, vorbei an Verkaufsbuden, die manchmal sogar den Namen Laden verdienen. Keine oder nur wenige Autos, zwiebelförmige Kirchtürme, ein oder zwei große, moderne Gebäude in Stahlgrau, überall Fußgänger. Um mich herum stehen oder sitzen Menschen wie in jeder Vorstadt. Hin und wieder fallen mir eine russische Bluse oder ein Paar Stiefel mit beißendem Geruch auf.

Der Bus hält auf einem Platz vor einem großen Theater. Zu Fuß gehe ich auf die Suche nach dem Grand-Hotel. Dieses wird gerade umgebaut. Das Telegramm, das ich auf gut Glück geschickt hatte, ist nicht geöffnet worden. Es ist kein Zimmer frei. Man sagt mir, ich solle am Abend nochmals vorbeikommen, vielleicht gäbe es dann ein Zimmer für acht Dollars pro Tag. Im »Metropole« und im »Savoy« erhalte ich die gleiche Antwort. Aber schließlich habe ich einen ganzen Tag vor mir. Ich gehe also aufs Geratewohl los und halte nach dem Wort »Gastinnitsa« (Hotel) Ausschau.

Erfolglos. Aber ich komme nicht einmal dazu, enttäuscht zu sein. Das Leben auf der Straße ist viel zu spannend. Die Menschenmenge bietet ein vielfältiges Schauspiel: Moskauer Arbeiter und Büroangestellte, die dank der Fünftagewoche frei haben, Provinzler aller asiatischen, kaukasischen und nordischen Rassen in ihrer unterschiedlichen Bekleidung. Schaulustige an jeder Straßenecke, wie hier auf der Lubjanka, hinter der die Kuppel einer alten, verfallenen Kirche auftaucht. Ein Riese in einem roten Gehrock schreitet auf eine Armbrust gestützt über den Weg vor der Kirche, von allen Blicken verfolgt. Eine dicke Frau erklärt mir verschmitzt etwas. Ich gebe vor zu verstehen, glücklich darüber, in die mitteilsame, nach Kot und Staub riechende, lebendige Menge aufgenommen zu sein. Es wird eine Filmszene gedreht. Den fertigen Film habe ich dann vier Monate später gesehen.

Breite Plätze. Enge Straßen. Wenige Läden, und diese verstaubt. Keine Plakatsäulen. Häuser mit abgesplittertem Verputz und schmutzigen, oft gesprungenen Scheiben. Man möchte am liebsten alles mit frischer Farbe anmalen. Als ich dies einige Tage später jemandem sage, antwortet er mir:

»Es lohnt sich nicht, für alte Häuser Zeit zu verlieren; es geht rascher, neue zu bauen!«

Die gleiche Haltung, wie sie die Amerikaner ihren alten Autos gegenüber an den Tag legen.

Die unzähligen Straßenbahnen erzeugen einen ohrenbetäubenden Lärm. Ihr ununterbrochenes Geklingel geht mir auf die Nerven. An wichtigen Kreuzungen überwacht eine Weichenwärterin auf einem Klappsessel den Verkehr. Wenn sie den eisernen Hebel gerade nicht braucht, klemmt sie ihn zwischen zwei lockere Pflastersteine, oder sie benützt ihn als Armlehne und döst eine Weile, bis die nächste Straßenbahn kommt.

Im Hotel »Europa«, in der Nähe des Theaterplatzes, ist erstaunlicherweise ein Zimmer frei für drei Dollars. Ich folge dem Essensgeruch und komme so in den Speisesaal. Grünpflanzen auf den

Tischen, Fliegen auf den sauberen Tischtüchern. Es riecht nach Farbe. Das Hotel wird renoviert. An den Tischen sitzen Russen. Einige sind so kahl geschoren, daß sich bläuliche Reflexe auf ihren Schädeln spiegeln. Neben einem Fenster sitzt eine englische Familie mit drei kleinen Kindern. Die Genossen Kellner haben es zum Glück nicht eilig. Nach ausführlichem Studium der Speisekarte bestelle ich für 1 Rubel 90 (1 Dollar) zwei Eier, Salat, Tee, Butter und Brot in unbeschränkter Menge: süßliches, dunkles Brot und leicht bitteres, kompaktes Schwarzbrot, schmackhaft wie das Brot in der Bretagne.

Der Einstieg in die Straßenbahn ist hinten. Man zahlt bei der Kassiererin, die am Eingang sitzt und mit dem Daumen die Fahrscheine zerreißt. Keine Reklame in der Straßenbahn, wie auch die Mauern der Stadt weder Seife noch Aperitif anpreisen. Nur hin und wieder ein Veranstaltungsprogramm oder eine Liste von staatlichen Publikationen. Ständig wieder versperrte Straßen, ein riesiges Durcheinander. Unregelmäßige Pflastersteine werden ausgegraben. Riesige amerikanische Asphaltiermaschinen der Marke »Rex Paver« werden von den Fußgängern bestaunt.

* * *

Ich befinde mich bei der »Voks«, der Gesellschaft für Ausländer-Information. Im Erdgeschoß eines gut erhaltenen Hauses stehen drei Schreibtische, hinter denen drei Russen eifrig Zigaretten mit Mundstücken rauchen. Das scheint ihre Art zu sein, mit der sie auf die Flut von verschiedenen Fragen der anwesenden Ausländer reagieren. Ein deutscher Professor verlangt einen sofortigen Termin mit Professor Sowieso. Ein englischer Gewerkschaftler möchte mit einer Moskauerin auf den Markt gehen, um die Preise der Waren zu erfahren, aber es scheint, daß es nicht einfach ist, seinem Wunsch nachzukommen. Eine Amerikanerin verlangt preisgünstige Ikonen, ein Franzose einen anderen Dolmetscher. Jemand sieht die aus Spanien angekommene Post durch.

Eine der Dolmetscherinnen bietet mir ein Zimmer für die Zeit an, während ihr Bruder in Sibirien ist. Doch sie verlangt hundert Rubel pro Monat. Das ist zuviel, ich lehne ab.

Sobald ich eine feste Adresse habe, wird mir Voks Rationenkarten geben, dann kann ich alles in den staatlichen Kooperativen kaufen: Brot, Milch, Öl, Seife, Gerste, Grieß, Buchweizen, Teigwaren, Kohl,

Hering, Fleisch und Butter. Jeder in Moskau wohnende Ausländer erhält eine Aufenthaltsbewilligung und diese Lebensmittelkarte, die gleiche wie ein Arbeiter in einer staatlichen Organisation. Die Rationen der Büroarbeiter sind niedriger. Das Botschaftspersonal und die von den Sowjets angestellten Ausländer und Ausländerinnen kaufen in den für sie reservierten Läden ein.

Man hat der Verantwortlichen der zuständigen Abteilung, Dukilskaja, mitgeteilt, daß ich mich für die russischen Filme interessiere. Ich glaube, Dukilskaja ist Chemiestudentin, ihre Zuständigkeit in Sachen Kino beschränkt sich darauf, daß ihr Mann Operateur ist und sie jeweils auf dem laufenden hält. Im Moment ist er allerdings in Turkestan, was die Sache nicht unbedingt erleichtert. Wie dem auch sei, sie ist voll guten Willens. Am gleichen Abend führt sie mich ins Kino an der Twerskaja, wo der neue Film *Die Erde dürstet* gezeigt wird. Die große Halle kann man sicher nicht mit einem Berliner Kino vergleichen. Hier gibt es weder Teppiche noch tiefe Sessel, sondern Holzböden und harte Klappsitze. Das Publikum geht rauchend auf und ab. Ich suche eine Sitzgelegenheit, um das Ende der laufenden Vorstellung abzuwarten. Die Besucher sind jung und im großen und ganzen sympathisch. Der Film – ein Stummfilm über das Bewässerungsproblem in Tadschikistan – ist sehr interessant und gut gemacht. Ein Orchester spielt zur Begleitung.

Dieser erste Tag in Moskau ist ermüdend. Zum Glück haben Dukilskaja und ich vor dem Kino in einer Stolowaja, einem Restaurant, das mit seinen wachstuchbedeckten Tischen eher unseren Imbißstuben glich, noch etwas gegessen. Wir wählten eines der an einer Tafel angeschlagenen Menüs aus und bezahlten es an der Kasse beim Eingang. Dafür erhielten wir einen Gutschein. Dann suchten wir einen Tisch, und die Kellnerin brachte uns für unseren Gutschein eine ausgezeichnete Kohlsuppe und einen mittelmäßigen Hering mit einer großen Portion Gerste. Brot gab es unbeschränkt. Aber das Beste an der Mahlzeit war der Preis: 55 Kopeken, ein Glas Tee inbegriffen. Dukilskaja mit ihren zum perlgrauen Mantel passenden Seidenhandschuhen hob sich deutlich von unseren weniger erlesen gekleideten Tischnachbarn ab, vom Arbeiter im offenen Hemd, vom Studenten mit der russischen Bluse und von der ehemaligen Lehrerin mit dem Hütchen auf dem Haarknoten.

* * *

Es ist mir unmöglich, Ordnung und System in meine Eindrücke zu bringen. Von Anfang an sind sie zu zahlreich gewesen, und sie werden immer mehr. Es geht mir wie einer, die über einem Stapel Fotos, die nie geordnet wurden, den Überblick verliert.

Während der ersten acht bis zehn Tage versucht man, von der unbekannten Stadt Besitz zu ergreifen, oder besser gesagt, die Stadt in sich eindringen zu lassen: Augen, Ohren, Geruchssinn sind ständig in Bereitschaft, sie nehmen die ganze Energie in Anspruch. Und die Fähigkeit, nachzudenken, Schlüsse zu ziehen, ist entsprechend geschwächt.

Ich besuche Frau K., bei der Jessie wohnt. Jessie gehörte zu meinem Hockey-Team in der Schweiz. Eines schönen Tages ging sie nach Moskau. Ich werde von einer weißhaarigen Dame empfangen, die mich mit funkelnden schwarzen Augen in Beschlag nimmt. Ihre Augen scheinen zu ergründen, was unter der Oberfläche Besonderes in einem Menschen steckt. Mir gefällt diese direkte Art, Fremden zu begegnen, und auch das diskrete Lächeln auf meine plötzlich vertrauensseligen Antworten. Sie ist mir sehr sympathisch. Frau K. scheint mein Gefühl zu teilen, jedenfalls bietet sie mir das Zimmer ihrer Nichte an, die im Moment in der Umgebung von Moskau in den Ferien weilt. Wir sitzen in einem etwas überfüllten Eßzimmer: eine Truhe, zwei Sofas, ein Büchergestell, eine Kommode, ein Glasschrank mit Nippsachen, Grünpflanzen, an der Wand Ahnenporträts, auf kleinen runden Tischchen Familienfotos. Die Zimmermiete beträgt 50 Rubel pro Monat. Wenn die Nichte zurückkommt, kann ich zum halben Preis auf dem Sofa im Eßzimmer schlafen. In meinem nach Süden gehenden Zimmer stehen zwei Betten, ein Tisch und eine Kommode. Ein glücklicher Zufall wollte, daß wir im vierten Stock wohnen, während in Moskau ansonsten fast ausschließlich ein- und zweistöckige Häuser stehen. So habe ich eine gute Aussicht auf den weiten Himmel und die Dächer Moskaus. Die Stadt dehnt sich über eine riesige Fläche aus. Mit seinen niedrigen, von eingezäunten Gärten umgebenen Holzhäusern, zwischen denen ab und zu Mauern eines Luxushauses oder einer malerischen Kirche auftauchen, hat Moskau nichts von einer westlichen Großstadt. Noch üben kleine Straßen mit runden Pflastersteinen ihren Zauber aus, aber der dreifache Boulevard-Ring ist bereits asphaltiert.

Mein Paß mit meiner Aufenthaltsbewilligung muß vom Hauskomitee abgestempelt werden. Jeder Wohngruppe ist ein Komitee zugeordnet, das sich um die Hausverwaltung und um die Wohnungsbelegung kümmert. Ankunft und Abreise müssen ihm sofort gemeldet werden, damit es den Überblick über die verfügbaren Zimmer behält. Alle zittern vor diesem allmächtigen Komitee.

Mehr als in irgendeiner anderen Stadt der UdSSR herrscht in Moskau Wohnungsnot. Während die Stadt 1917 zwei Millionen Einwohner hatte und 1920 nur noch 800000, sind es heute drei Millionen. Die Gründe für diese Zunahme sind die Verlegung der Hauptstadt von Leningrad nach Moskau, die ständige Zunahme der Geburtenrate und der Strom von Bauern, die in der Stadt Arbeit suchen. Noch sind nicht genügend Neubauten erstellt worden, um dieser Situation gerecht zu werden.

Zu unserer Wohnung gehören fünf Zimmer. In den beiden zur Straße liegenden Schlafzimmern wohnen drei Personen: Frau K., die Übersetzerin ist, ihre Tochter Sonja, die in einem Museum arbeitet, und Natascha mit dem aufgeweckten Blick und der breiten Stirn, ein zwölfjähriges Mädchen, dessen Mutter seit langem in Paris lebt. Ich schaue Natascha oft bei den Schulaufgaben zu.

Im Zimmer neben mir wohnt die dicke Jewgenia Petrowna mit ihrem Sohn Petia. Sie hat wunderbare blaue Augen und einen naschhaften Mund. Sobald sie aus dem Laden, in dem sie als Kassiererin arbeitet, zurück ist, macht sie sich ans Kochen. Dieses Hobby muß sie teuer zu stehen kommen, denn sie kauft auf dem freien Bauernmarkt von Smolenski Rinok nur feine Dinge ein. Von Zeit zu Zeit erhält sie Besuch von ihrem Mann, immer zu Essenszeiten. Da sie nur Russisch spricht, kann ich diese Sprache ein bißchen üben.

Hinter der Küche wohnt die alte Marfuscha, die bucklige Magd. Ihr Gesicht ist gelb und zerfurcht wie eine getrocknete Feige, ihre Augen scheinen ständig zu lachen. Wütend wird sie nur, wenn sie vergeblich für Nataschas Milch angestanden hat und es keine mehr gibt, wenn sie an die Reihe kommt. Immer trägt sie ein Baumwolltuch um den Kopf, darunter ist ihre Haut weiß und zart geblieben. Jeden Morgen geht sie um sieben Uhr zur Messe. In der Ecke ihres Zimmers steht eine große Truhe mit einer sauberen Strohmatte. Es ist das Bett ihrer zwergwüchsigen Cousine, die einen noch größeren Buckel als Marfuscha hat. Die Cousine arbeitet in einer Handschuhfabrik, wo sie für 50 Rubel pro Monat Druckknöpfe anbringt. Ihre Miete entspricht zehn Prozent ihres Lohnes.

Frau K. und ich frühstücken oft zusammen in der Küche. Ich esse immer mehr als sie – ich weiß nie, wann ich bei meinem Herumstreunen das nächste Mal zum Essen komme. Ich lerne, wie man die weiße und die schwarze Kascha, die ich mit meiner Lebensmittelkarte bekomme, zubereitet. Die verschiedenen Grützearten bilden die Grundlage der russischen Ernährung. In Sonnenblumenöl geröstet, verleiden sie mir nie, und sie sind eine günstige und nahrhafte Mahlzeit.

Frau K. knabbert im Morgenrock an ihrem Toast und erzählt mir von den schrecklichen Jahren, als man aufs Land gehen mußte, um ein bißchen Essen zu bekommen. Ihre Familie lebt verstreut; ihr Sohn möchte, daß sie zu ihm nach Amerika kommt.

»Nein«, sagt sie, »ich liebe Rußland. In Amerika würde ich mich als Verbannte fühlen. Was macht es schon aus, daß ich alles verloren habe? Ich war schon immer der Meinung, es sei ungerecht, daß die einen alles und die anderen nichts haben. Im Grunde genommen lebt es sich in einem Zimmer genauso gut wie in mehreren… und was mich betrifft, so brauche ich nicht jeden Tag Fleisch… Wenn nur nicht so viele Kinder von mir abhängig wären, hier, auf dem Land und in Leningrad. Kinder, deren Eltern ins Ausland geflüchtet sind!«

»Kümmern sich die denn nicht um ihre Kinder?«

»Nein, nie… oft weiß ich nicht, woher ich das Geld nehmen soll für warme Kleider.«

»Weshalb stellen Sie abends, wenn alle im Bett sind, die große Leiter vor die Eingangstüre?« frage ich sie.

»Wegen der Einbrecher. Es ist schon zweimal bei mir eingebrochen worden. Einmal wurde die Kette gesprengt und alles Silber aus dem Schrank im Hausflur gestohlen, auch eine Ikone, die ich sehr gern hatte. Ein Jahr später, als ich eines Abends im Theater war, wurde eine große Truhe ausgeraubt, in der ich Kleider und Pelze für die Kinder aufbewahrte… Übrigens, Ella, wenn ich schon dabei bin, Sie haben für ihre Karte eine Spule Faden bekommen, ich gebe sie Ihnen gleich.«

Am Anfang ging ich selbst einkaufen. Am Morgen ist das problemlos, die meisten Arbeiterinnen sind an der Arbeit. Ich begegnete vor allem Frauen aus dem ehemaligen Bürgertum oder Mägden, die hier eine gewerkschaftlich organisierte Gruppe bilden. Oft muß man warten, bis man bedient wird, da Personal fehlt. Die eigentlichen Schlangen, die einen aufreiben, bilden sich anscheinend nur, wenn im voraus der Verkauf von seltenen Waren angekündigt wird: Kleider, Schuhe usw.

Leder ist Mangelware. Jeder will Stiefel. Früher konnten sich nur wenige Privilegierte Stiefel kaufen, die anderen gingen in Sandalen aus Baumrinde. Andere Zeiten, andere Mittel, andere Bedürfnisse: Heute muß ein ganzer Kontinent mit Stiefeln versehen werden. Und gleichzeitig müssen die Viehbestände vergrößert werden! ...

Einmal wird der freie Verkauf von Zucker angekündigt, bisher war er rationiert. Alle stürzen in den Laden, stehen Schlange, kaufen so viel Zucker wie nur möglich, sei es für den Eigengebrauch oder für den Tausch mit den Bauern, die vom Privathandel leben und somit kein Recht auf staatliche Zuteilungen haben. Der Zukkervorrat ist schnell erschöpft. Am Abend, als die Werktätigen einkaufen wollen, sind die Regale bereits leer. Es wird geschrien, getobt, doch zwei Tage später, nach einer erneuten Lieferung, ist die Zuckerfrage erledigt.

Später habe ich meine Lebensmittelkarte Marfuscha gegeben. Sie kauft für alle ein. Es fällt mir nicht schwer, auf das Schlangestehen zu verzichten.

* * *

Wenn man Menschen in einer Schlange sich vorwärts bewegen sieht, stürzt man auf sie zu und fragt nach sowjetischem Vorbild:

»Wo muß ich anstehen?«

Jeder hält seinen Platz redlich bei, denn da Vorder- und Hintermann einen im Auge haben, ist es schwierig zu mogeln. Erst dann fragt man:

»Was gibt es?«

»Schlechte Zigaretten«, antwortet ein Mann mit einer Tschibitscheika, dem runden Käppchen aus Turkestan.

Aus einer Konditorei kommen Kunden mit Blitzkuchen und Rosinenkuchen auf einem Stück Papier. Aber als ich zur Kasse komme, werden keine Gutscheine mehr ausgegeben, der Kuchen ist ausverkauft! Ich verlasse den Laden wieder. Über mir weht eines der Spruchbänder, das in weißen Buchstaben auf rotem Grund den »Fünfjahresplan in vier Jahren« proklamiert. Weiter hinten die Lenin-Akademie, ein beeindruckender Quader aus eisengrauem Beton. Rechts die Bibliothek für Ausländische Literatur, zu der alle freien Zugang haben.

Iswoschtschiks fahren vorüber; einer transportiert ein Bettgestell mit Matratze, ein anderer einen übergroßen Ballen Heu.

Einmal stoße ich auf der Lubjanka auf eine Gruppe Jugendlicher, die vor einer Stolowaja anstehen. Ich gehe auf sie zu. Es ist sechs Uhr abends, und ich habe Hunger. Meine Nachbarn sind fröhlich. Ihre frischgewaschenen Hälse duften alle nach der gleichen Seife. Einige tragen Stiefel, die nach russischem Leder riechen.

Es sind Agronomie-Studentinnen und -Studenten aus der Ukraine, die einen Monat lang in der Sowjetunion umherreisen. Wo immer sie auch hinkommen, wird ihnen die Unterkunft von der Reisegesellschaft »Sowtourist« bereitgestellt. Die Gruppenfahrkarte für den Zug kostet nur wenig. Als sie merken, daß ich Ausländerin bin, entfacht sich ein Gespräch. Sie wollen wissen, wie es mir in ihrem Land gefällt.

Für die jungen Leute besteht kein Zweifel daran, daß sich die ganze Welt für Rußland interessiert. Die Alten hingegen fragen immer:

»Warum zum Teufel kommen Sie in dieses Land?«

Was kann ich ihnen antworten?

Schließlich kommen wir in den Speisesaal, alle halten Ausschau nach einem freien Platz. Ich staune, daß die Mädchen nicht erwarten, daß die Jungen ihnen helfen.

Die Studentin mit dem Strubbelkopf von vorhin schaut in meine Richtung, während sie mit zwei Kolleginnen diskutiert, dann kommt sie auf mich zu und fragt:

»Bist du frei heute abend, Ella Pawlowna? Komm doch mit uns, wir haben noch eine Karte für das Stück *Die drei Fettwänste*, das im ›Ersten Kunsttheater‹ gespielt wird. Du kannst mit Ivan Petrowitsch gehen.«

Ich sage zu.

Im Laufschritt stürmen wir zum Theater, wo wir unsere Plätze einnehmen.

Nüchterner Saal. Gut gekleidetes Publikum, hauptsächlich Anzüge und enganliegende Kostüme. Zwei oder drei Mädchen in kunstseidenen Kleidchen verbreiten einen Hauch von »Provinzler im Sonntagsstaat«. Von der zweiten Balkonreihe aus habe ich eine gute Sicht auf die Drehbühne. Die einzelnen Szenen sind packend, sei es durch ihre gewollte Einfachheit, sei es im Gegenteil durch eine unerhörte Raffinesse. Schöne Gesten, deren Präzision einem Ballett gleicht, perfekte Kostüme, warme Stimmen, abgerundete russische Silben.

Früher hatte ich die deutschen Theateraufführungen bewundert, doch im Vergleich mit den russischen empfinde ich sie nun als trocken, ohne Phantasie und Ausstrahlung.

Den allgemeinen Sinn des Stückes verstehe ich, doch die Wortgefechte entgehen mir. Der schüchterne Ivan Petrowitsch ist mir keine große Hilfe. Nach der Aufführung frage ich meine Kollegen nach ihren Eindrücken. Sie sind beeindruckt, doch sie äußern auch Kritik:

»Der Form wurde zu viel Gewicht beigemessen. Das ging auf Kosten des Inhaltes.«

»So etwas brauchen wir nicht.«

»Das ›Tram‹ (Theater der kommunistischen Jugend) ist aufrüttelnder.«

Auf dem Nachhauseweg denke ich über diese Jugend nach, und ich beneide sie um ihre klaren, eindeutigen Wertvorstellungen. Könnte ich nicht auch endlich so werden wie sie und mein ständiges Hin- und Hergerissensein aufgeben? Wissen, wohin man geht, was man will, ist das nicht der Schlüssel zu einem besseren Leben?

* * *

Ich liebe es, die Leute zu beobachten, mich als einen Teil von ihnen zu fühlen. Auf der Straße einige Bettler. Weniger als in Berlin, aber malerischer in ihren zerlöcherten Pelerinen als die farblosen deutschen Arbeitslosen. Sie halten sich mit Vorliebe vor den Kirchen auf. Während ich ihnen ausweiche, da ich immer das Gefühl habe, daß sie Theater spielen, geben ihnen auch die ärmsten Passanten ganz selbstverständlich eine Kopeke. Wie in Indien sorgt die Bevölkerung für ihre Bettler.

Es gibt auch Betrunkene, die mit der Flasche in der Hand auf dem Bürgersteig schlafen. Nie habe ich gehört, daß einer angerempelt wurde. Selbst in Stoßzeiten sind die Passanten rücksichtsvoll. Unachtsame Fußgänger werden mit einer Handbewegung darauf aufmerksam gemacht, daß hier jemand seinen ungestörten Schlaf des Vergessens braucht. Die Milizionäre haben anscheinend das

Recht, Betrunkene zur nächsten Poliklinik mitzunehmen, wo man ihnen den Magen auspumpt. Am nächsten Tag müssen sie dann die Kosten des Iswoschtschik bezahlen.

Popen mit schmierigem, schulterlangem Haar unter ihrer seltsamen Kopfbedeckung gehen vorbei. Sie sind armselig gekleidet, da sie ausschließlich von den Gaben der Gläubigen leben. Niemand belästigt sie. Neugierig und erstaunt betrachten die Kinder diese bärtigen Männer, von denen sie nicht wissen, wer sie eigentlich sind. Viele Kirchen sind zu Museen, Restaurants und Garagen umgebaut worden. Aber auch heute noch gibt es kaum eine Straße ohne Kapelle in dieser Stadt der vierzig mal vierzig Kirchen.

Es ist verboten, auf eine fahrende Straßenbahn aufzuspringen oder vor der Haltestelle auszusteigen. Tut man es dennoch und wird dabei von einem Milizionär erwischt, bezahlt man einen Rubel Buße. In dieser Beziehung versteht man keinen Spaß. Die Straßenbahn bleibt stehen, bis man aussteigt. Weigert man sich, wird man von den andern Fahrgästen dazu aufgefordert. In einem neuen Staat braucht man Disziplin! Trotzdem springe ich aus der fahrenden Straßenbahn und versuche, so rasch wie möglich in der Menge unterzutauchen. Aber es gibt kein Entkommen. Hinter mir ruft jemand:

»Bürgerin!«

Ich drehe mich um, ein Genosse Milizionär zieht seinen Block und fragt mich nach Namen und Adresse. Ich spiele die verständnislose Ausländerin, die kein Wort Russisch kann. Ich greife zu meinem Wörterbuch, während ich ständig wiederhole, was der Milizionär gesagt hat. Dieser mustert mich, zerrt an seinem Schnurrbart, verflucht die stehenbleibenden Passanten, interessiert sich für das Buch mit den seltsamen Schriftzeichen in meinen Händen und sagt schließlich, überzeugt von meiner Unwissenheit:

»Ist in Ordnung, Sie können gehen.«

An den Bushaltestellen stellt man sich folgsam hinter dem letzten Wartenden an. Wenn eine Haltestelle für drei verschiedene Linien gilt, bilden sich drei Warteschlangen. Nun kann es vorkommen, daß man für eine kurze Strecke irgendeine der drei Linien benutzen kann. Man steht zum Beispiel in der Reihe für die Nummer 6, und die 3 kommt, in die man sich noch rasch hineinzwängen will. Doch die Menge verweist einen streng ans Ende der Schlange für die Nummer 3. Falls man im Moment des Losfahrens auf einen vollbesetzten Bus aufspringt – angenommen, es ist einem gelungen, dem Zorn der schon lange vergeblich Wartenden zu entkommen –, muß man noch die Kassiererin überlisten. Sie kann einen zwingen, wieder auszusteigen.

Ein andermal bezahle ich unabsichtlich zu wenig in einer Straßenbahn. Ein Kontrolleur kommt. Er stellt mir Fragen, die ich nicht verstehe. Wir stehen auf der hinteren Plattform, zwei Zuschauer mischen sich ins Gespräch und erklären dem Kontrolleur, daß ich Amerikanerin sei und nicht belästigt werden dürfe. Der junge Kontrolleur macht auf rechthaberisch und besserwissend. Er befiehlt mir, an der nächsten Haltestelle auszusteigen. Einer der Mitfahrer steigt hinter uns aus. Der Kontrolleur, der ihm den Rücken zukehrt, tut so, als schreibe er meinen Namen auf, dann geht er lächelnd weg. Der Unbekannte, ein junger Arbeiter, kommt auf mich zu und fragt entrüstet:

»Hat er dir eine Buße verpaßt? Das hätte er nicht tun dürfen!«

Ich habe den Verdacht, daß es ein Spitzel ist, und sage deshalb im Weggehen:

»Das geht dich nichts an!«

Die Promenaden am Rande der Stadt sind einzigartig. Gegen Abend sind sie sehr belebt. Blutjunge Mütter spazieren langsam mit ihren Säuglingen auf dem Arm. Pausenlos fahren Straßenbahnen die Promenade auf und ab. Stumme Zuschauer umringen die Damespieler auf den Bänken. Manchmal kommt eine Welle von Weihrauchduft aus der nächsten Kirche. Junge Männer und Frauen bilden einen Kreis um einen Handharmonikaspieler, geben sich die Hände und bewegen sich im Takt der träumerischen oder schmissigen Volkslieder.

Die Handharmonika! Unvorstellbar, wie wichtig sie hier ist.

Ein ruhiger, schöner Abend. Ein junges kommunistisches Ehepaar hat mich zu einem einfachen Abendessen eingeladen. Mit einem kleinen Strauß Feldblumen gehe ich an den Mietshäusern entlang. Auf dem Bürgersteig spielt vor einem Fenster ein junger Mann unbekümmert Handharmonika. Sein Kraushaar schimmert in der Abendsonne. Auf dem Stuhl neben ihm sitzt seine Mutter und liest die Zeitung. Sie hat die gleiche hohe Stirn, die gleiche breite Nase. Ich bleibe stehen, um zuzuhören. Sein Spiel ruft in mir Bilder von vorbeiziehenden und sich auflösenden Wolken hervor… dann die Bewegung, das Leben des Waldes: Bäume, die in der Sonne rauschen und erzittern, sich tief biegen und sich schweigend wieder aufrichten!

Wie verzaubert setze ich mich auf den menschenleeren Bürgersteig und lege die Blumen neben mich. Am Fenster kaut jemand am Mundstück seiner längst ausgegangenen Zigarette, wahrscheinlich der ältere Bruder des Handharmonikaspielers. Im Untergeschoß erkenne ich durch das Fenster kleine Betten, einen Tisch und umherkrabbelnde Kleinkinder.

Der junge Mann spielt gerade einen Bauerntanz, der wie ein »Ländler« aus der Schweiz klingt. Ich denke an die Hirten am Feierabend. Der Rhythmus zieht mich unwiderstehlich mit. Ich stehe auf und beginne, mitten auf dem Bürgersteig zu tanzen. An den Fenstern der umliegenden Häuser wird gelacht und im Takt geklatscht. Jugend, Sorglosigkeit: Freudenfest im Quartieralltag dank einer Handharmonika!

Ein Mann im gutgeschnittenen Bürokratenanzug kommt uns entgegen: mein Gastgeber von heute abend. Wird er vorübergehen, ohne stehenzubleiben?

Er geht vorüber, grüßt mich mit einem mißbilligenden Lächeln, geht weiter, ohne sich umzudrehen, ohne auf mich zu warten...

* * *

In Moskau gleicht der Regen einer Sintflut, in keiner andern Stadt fällt so viel Wasser in so kurzer Zeit. Die Abflüsse strömen über. In den abschüssigen Straßen werden die Rinnsale zu Wildbächen. Um von einer Straßenseite zur andern zu gelangen, muß man wahre Tümpel umgehen.

Vor mir gehen zwei Arbeiterinnen, die eine jung, die andere älter. Ohne lange zu überlegen, ziehen sie Schuhe und Strümpfe aus und laufen durch das schmutzige Wasser, das ihnen zeitweilig bis zu den Waden reicht. Niemand scheint darüber erstaunt zu sein, auch die nicht, die wie ich unter dem Vordach eines GPU-Gebäudes (Organ der Staatssicherheit) Schutz gesucht haben.

Ein auf- und abgehender Milizionär kommt auf uns zu und zerstreut die Gruppe mit strenger Miene. Ich weigere mich, denn ich habe keine Lust, in den strömenden Regen hinauszugehen. Wird mein Ungehorsam bestraft werden? Nach ein paar Minuten kommt der Milizionär mit einem Vorgesetzten zurück, der nun eine andere Methode anwendet: Wortlos lächelnd fordert er mich mit freundlichen Gesten auf, ihm zu folgen.

Vielleicht führt er mich ins Gebäude der berüchtigten Geheimpolizei, weil er mich verdächtigt, irgendeine Höllenmaschine in ein Kellerfenster werfen zu wollen? Nein, wir gehen um das Gebäude herum, an einer Reihe Milizionäre vorüber ins Büro des Polizeikommissars.

Sobald dieser erfahren hat, weshalb ich mich vor dem Gebäude aufgehalten habe, gibt er mir, ohne ein weiteres Wort zu verlieren, ohne nach Namen oder Ausweis zu fragen, zu verstehen, daß ich gehen kann. Sehe ich wirklich so bedeutungslos aus!... Ein klein bißchen fühle ich mich schon gekränkt.

Es kursiert eine Geschichte über einen bedeutenden Amerikaner, Besitzer mehrerer Zeitungen, der nach Moskau kam und in einem Interview erklärte:

»Jeder Amerikaner sollte Rußland kennen... ich bin für drei Wochen hergekommen...«

Zwei Tage später reiste er wieder ab mit der enttäuschten Erklärung:

»Es ist langweilig, ich werde nicht einmal auf der Straße verfolgt, mein Kommen und Gehen wird nicht beschattet!«

Das ist das typische Verhalten von Dummköpfen, die nach Moskau kommen, vollgestopft mit Greuelgeschichten über die Revolution. Auf Schritt und Tritt wollen sie Unerhörtes, Aufregendes sehen und erleben. Und dabei gibt es das alles, wenn man nur genau hinschaut.

Von der Turmspitze der Erretter-Kathedrale aus kann man ganz Moskau überblicken. Bald wird der große Bau aus dem letzten Jahrhundert, der keine besonderen Schönheiten aufweist, einem Sowjetpalast weichen. Die beiden Arbeiter, mit denen ich vom Turm hinuntersteige, zeigen mir im Innern der Kirche eine Darstellung Gottes. Sie erklären mir, daß die Religion heute nicht mehr wichtig ist, und fragen mich, ob es bei uns noch Menschen gäbe, die an Gott glauben.

Während ich auf die Straßenbahn warte, schließe ich Bekanntschaft mit einem rothaarigen Amerikaner. Man hat ihm seine Brieftasche mit der Rückfahrkarte nach Wladiwostok gestohlen!

Er gibt einer zahnlosen Greisin ein Almosen, und diese beginnt sofort ein Gespräch. Sie preist ihm ihre Nichte an, das schönste Mädchen in ganz Moskau, zwanzig Jahre alt und gar nicht teuer! Sie besteht darauf, daß er ihre Adresse notiert, und endet mit einem absolut zwingenden Argument:

»Sie hat ein Zimmer für sich allein!«

Der Wohnungsmangel hat der Prostitution einen schweren Schlag versetzt. Auch gestatten die heutigen Lebensbedingungen den Frauen, unabhängig zu sein, ohne dieser Tätigkeit nachgehen zu müssen. Früher boten nachts die Taxis noch einen Unterschlupf, aber heute gibt es eine Verordnung, die die Taxifahrer zwingt, mit Beleuchtung zu fahren, sobald ein Paar eingestiegen ist. Die Prostituierten, die eine freie Ecke in einem Treppenhaus mieten, leben mit der ständigen Gefahr, bei einer Razzia erwischt und auf die nordische Insel Solowjetski verbannt zu werden.

* * *

Die Zeiten ändern sich.

Stoßtrupps von eifrigen Arbeitern reisen in der Union umher, um die schlechten Arbeiter anzuspornen. Man will die Fünftagewoche einführen. Theoretisch soll sie eine ununterbrochene Tätigkeit in allen Wirtschaftszweigen und somit eine höhere Rentabilität gewährleisten. Gleichzeitig werden so die letzten Arbeitslosen beschäftigt, die nach einem ausgeklügelten Turnus-System jenes Fünftel der Arbeiter ersetzen, die ihren freien Tag haben. In der Praxis stellt man fest, daß die Leute, von denen man eine Auskunft braucht, immer »gerade ihren Freitag haben«! Doch wenn dieses System sich nicht einspielen sollte, wird man nach anderen Möglichkeiten suchen. Wie in allen Bereichen muß man einfach experimentieren.

Wohin man sich auch wendet, überall hört man Hammerschläge: Moskau baut. Am Mianilskaja-Platz wird nach den Plänen von Le Corbusier der Sitz für den Zentralen Sowjet gebaut. Im Architekturbüro sitzen an großen Zeichentischen zwei Männer und eine junge Frau. Auch auf den Baustellen sind Arbeiter beiderlei Geschlechts beschäftigt. Zwischen den Ausschachtungen tragen Frauen zu zweit große Bretter. Ihre Hände stecken in groben Stoffhandschuhen. Ein Kapellenbogen erinnert noch an die Kirche, die vorher hier gestanden hat. Bei den Ausgrabungen ist man auf ein bisher unbekanntes Beinhaus gestoßen. Das Erdgeschoß des neuen Gebäudes ist durchbrochen. Der erste Stock ruht auf mächtigen Betonpfeilern. Über den Gerüsten zeichnet sich bereits das nächste Stockwerk ab. Junge Frauen mit gedrungenen Körpern und vollen

Gesichtern, ein Tuch um den Kopf gebunden, binden für das Gerüst Metallstangen mit Draht zusammen. Die entbehrungsreichen Kinderjahre haben ganz offensichtlich ihrer Stärke keinen Abbruch getan. Wie gut kann ich verstehen, daß sie dieses harte Leben der erstickenden Büroluft vorziehen! Nachdem sie einen Baukursus besucht haben, verdienen sie bei sieben Arbeitsstunden 4 Rubel 50 pro Tag. Unter den 400 Arbeitern der Baustelle befinden sich 50 Frauen. Viele von ihnen besuchen am Abend Kurse an der Universität. Der Architekt Burov, der den Modellbauernhof für den letzten Film von Sergej Eisenstein entworfen hat, erklärt mir einige Besonderheiten des Bauwesens. In der UdSSR wurde zunächst nach deutschen Sicherheitsnormen gebaut. Aber hier muß alles widerstandsfähiger sein, und momentan versucht man, eine den russischen Verhältnissen angepaßte Norm aufzustellen. Einerseits haben Eisen und Beton andere Eigenschaften, andererseits muß man zum Beispiel auch der heftigen Windstärke Rechnung tragen. Wegen der großen Kälte müssen die Fenster absolut undurchlässig sein. Im Winter klebt man Gipspapier auf alle Fugen, mit dem Nachteil, daß man im Sommer, wenn es weggenommen wird, überall weißliche Spuren sieht. Das Problem der Fundamente in Flußnähe ist schwierig zu lösen: Der mehrstöckige Sitz des Tsik (Exekutives Zentralkomitee) beginnt abzusinken.

»Wie nehmen die Männer die Anwesenheit von Arbeiterinnen auf? Feindselig? Nachsichtig?«

Offenbar verrät diese Frage meine totale Unkenntnis der modernen Einstellung. Die Frauen versuchen nicht, mit den Männern in Konkurrenz zu treten. Man setzt sie dort ein, wo ihre spezifischen Eigenschaften benötigt werden: ihre Genauigkeit, ihre Sorgfalt. Der Mann ist nicht so dumm, sich für überlegen zu halten, wo er doch nur einfach anders ist.

3

AN DEN UFERN DER MOSKWA

Ich habe mehrere Fußballspiele im Dynamo-Club gesehen, eingekeilt zwischen die dichte Menge, die sich im riesigen Hufeisen befindet.

Das Dynamo-Stadion im Petrowski-Park, das nach der Fabrik, deren Sportplatz es sein sollte, benannt ist – doch scheint es mir eher für die Angestellten der GPU und die Mitglieder der Kommunistischen Partei da zu sein –, ist eine prachtvolle Zement-Arena, die 40000 bis 50000 Personen Platz bietet. Darum herum sind Tennisplätze, Turnhallen, Garderoben, ein Kino und Restaurants angesiedelt. Hier treffen sich, was in Moskau sonst sehr selten ist, Persönlichkeiten – auch die Botschaftsangestellten und Angehörigen der ausländischen Presse gehören dazu.

Genau wie bei uns versucht jeder, sich dank Beziehungen Eintritt ins Stadion zu verschaffen. An den Eingängen werden viele »Schwarzzuschauer« zurückgewiesen. Auf den Tribünen klettert man über die Absperrungen, um zu einem besseren Platz zu gelangen. Einmal sah ich sogar einen Mann, der mit dem Fahrrad auf den Schultern zu seinem Platz oben in der Kurve vordrang!

Eines Tages spielt eine sozialistische Mannschaft aus der Schweiz gegen das Moskauer Team. In der Halbzeit gehe ich zu den Spielern in die Garderobe. Ich bin gerührt, daß sie von so weit hergekommen sind, und sie sind begeistert von dem, was sie hier sehen, und sprechen sogar davon, sofort in Moskau Arbeit zu suchen. Die Rote Armee sorgt für ihre Unterkunft.

Neun Lautsprecher, fächerförmig auf einem Podium angeordnet, geben die Klänge einer Militärmusik wieder. An den Längsseiten des Spielfeldes sind rote Spruchbänder angebracht, und an der Stirnseite der Südtribüne hängt eine Weltkarte.

Zivilpersonen marschieren geschlossen auf das Spielfeld, jeder trägt eine rechteckige Kiste. Auf einen Kanonenschuß hin öffnen sich alle Kisten, und Brieftauben fliegen auf, um auch den entferntesten Republiken die Grüße der Hauptstadt zu überbringen. Dann fahren Frauen und Männer mit Fahrrädern aufs Spielfeld und setzen sich an den Rand des Rasens. Die Frauen in weiten Shorts oder Faltenröcken tragen Fahnen, auf die die Namen von anderen Städten gestickt sind.

An allen Veranstaltungen nehmen Frauen teil, und auch die Mitglieder der Jury am Ziel sind beiderlei Geschlechts.

Da ich aber nicht nur auf der Tribüne stehen, sondern aktiv Sport treiben will, mache ich mich auf die Suche nach einem geeigneten Stadion, wo ich trainieren kann. Ich erhalte mehrere Adressen von Sportplätzen. Das Tomski-Stadion an der Leningrad-Straße gehört den Pischtschiwiks, das ist der Berufsverband der Nahrungsmittelindustrie. Es ist nicht anzunehmen, daß man dort einer Ausländerin die Aufnahme verweigert. Also gehe ich hin.

* * *

Eine Eingangstüre mit Doppelflügeln, und man steht vor einem bronzenen Lenin mit fliegender Jacke. Links eine Anlage für Gorodkis, das Nationalspiel, bei dem es darum geht, mittels eines sich drehenden Knüppels Kegel umzulegen. Schon oft habe ich von meinem Fenster aus das Geräusch von auf die Erde fallendem Holz gehört. Rechts, hinter Büschen versteckt, liegt eine kleine Trainingsbahn. Vor mir, mitten im Baumgestrüpp, ein russischer Pavillon mit vielfältigen, phantasievollen Verzierungen.

Ja, ich könne hierherkommen, so oft ich wolle, sagt mir der Genosse Sekretär Guek im Büro. Ich brauche keinen Beitrag zu bezahlen. Die Clubmitglieder zahlen 1 Rubel 50 pro Jahr. Sie finden hier alle Sportgeräte, auch Tennisschläger. Die Gewerkschaft kommt für den Unterhalt des Stadions auf. Aus diesem Grund wird ein bestimmter Prozentsatz auf die Einkommen der Fabriken erhoben.

Guek zeigt mir die Garderoben, die in einem provisorischen Raum untergebracht sind, ein verfallenes Zimmer mit vier wackligen Stühlen. Die Kleider bringt man einem Aufseher.

In der Sowjetunion ist der Arztbesuch für alle, die Sport treiben, obligatorisch. 260 Ärzte in der FSRRS (Föderative sozialistische Republik der russischen Sowjets) kümmern sich ausschließlich um die Sportler. Der Arzt ist gerade da, und ich werde sofort untersucht. Es ist alles in Ordnung.

Meistens trainiere ich am Nachmittag allein. Die andern Mitglieder kommen kaum vor sechs Uhr abends. Der Sportlehrer überwacht mich gelegentlich und bewertet meine Sprünge mit einem »Gut« oder »Nicht gut«. Manchmal machen wir Gruppenübungen. Dabei lerne ich Anna kennen. Sie ist sehr jung, rundherum rundlich und lächelt immer. Beim Duschen leiht sie mir ihr Badetuch. Sicher nimmt sie an, daß ich Russisch so schlecht verstehe, wie ich es spreche. Wenn sie mir etwas sagen will, wird sie stumm und drückt sich nur noch mit Gesten aus, über die wir uns krumm lachen!

Wie angenehm sind diese Freiluft-Duschen! Im hohen Gras stehen mehrere Reihen sonnengebleichter Holztische, an denen wir uns nach der Dusche, erlöst vom erstickenden Stadtstaub, ausruhen. Holzwände trennen uns von den Männerduschen. Über unseren Köpfen fliegen Flugzeuge.

In der Kantine erzählt mir Anna beim Essen, daß sie in einem Büro arbeitet. Dann fragt sie mich, ob ich Outrigger rudern könne und ob ich sie begleiten würde. Heute ist ihr freier Tag. Also ziehen wir miteinander los.

Es ist Sommer. Keine Strümpfe oder Hüte mehr. Über unseren Badekleidern tragen wir offene, karierte Männerhemden im Cowboy-Stil; einige Frauen haben bunte Kämme in ihr kurzes Haar gesteckt.

»Aufschließen, Bürger, aufschließen!« befiehlt die Kassiererin, die, auf ihrer Sitzbank stehend, das Einsteigen in die Straßenbahn überwacht.

»Genosse, dein Fahrschein!«

Von einem Ende des Wagens zum andern wird das Geld mit den Worten »Weitergeben, bitte« von Hand zu Hand gereicht. Der Fahrschein kommt auf dem gleichen Weg zurück. Wenn ein Rubel nicht gewechselt werden kann, muß man sofort aussteigen, vielleicht hat man bei der nächsten Straßenbahn mehr Glück.

»Steigen Sie an der nächsten Haltestelle aus?« fragt eine Stimme hinter mir.

»Nein«, antwortet man, und dann muß man sich dünn machen, um den Ausgang freizugeben. Wenn man Pech hat und nicht schnell genug zum Ausgang kommt, verpaßt man die Haltestelle. In einem solchen Fall wird die Fahrerin mit wenig liebenswürdigen Ausdrücken bedacht, doch die im violetten Rock mit dem roten Tuch um den Kopf, nur auf einer Hinterbacke sitzend, raucht unbekümmert weiter.

* * *

Mitten in der Stadt wird die Moskwa von einer Insel zweigeteilt. Auf ihr befinden sich ein Elektrizitätswerk, der Sitz des Tsik, verschiedene Wohnhäuser und die Zuckerfabrik »Roter Oktober«, in der unsere Hochsprungmeisterin arbeitet. Flußaufwärts endet die Insel in einem Baumgestrüpp. Dort ist unser Ziel, die Strielka.

Wir nehmen die Fähre, um ans andere Ufer zu gelangen, denn die Brücke liegt ziemlich weit weg. Im Fluß wimmelt es von nackten Kindern, sie baden bei der Steilböschung vor der Kathedrale. Im Hintergrund über dem Quai der weiße Kreml-Palast.

Wir überqueren die schmale Insel und zweigen nach rechts ab zu den Hallen, in denen die Rennboote auf ihren Gestellen liegen. Mit über den Köpfen ausgestreckten Armen tragen vier Männer eine Jolle. Mit steifen Schritten gehen sie über die runden Pflastersteine, zwischen zwei Bäumen hindurch, stimmen sich aufeinander ab, um die Stufen der Böschung hinunterzusteigen, gehen über den Landungssteg und setzen das zerbrechliche Holz so behutsam auf die glatte Wasserfläche, wie eine Mutter ihr Kind hinlegt.

Anna stellt mich Schura, der Schwimmeisterin, vor. Alle sind der Ansicht, daß ich eine gute Ruderin sein müsse. Wenn ich hinter ihr säße, würde ich die Mannschaft ausgleichen. Schura ist eine junge Frau mit luftigem, braunem Haar, das sie zu einem Knoten zusammenbindet. Ihn werde ich nun täglich bei jedem Ruderschlag vor mir auf- und abwippen sehen.

Wir tragen unsere Jolle ins Wasser. Dann leitet Fedor, der berühmte Skiff-Meister von Moskau und Trainer der Pischtschiwiks, das Training: zuerst zwei und zwei, dann alle zusammen. Er schreit seine Befehle, spornt uns unermüdlich an. Die Wirkung ist erstaunlich, wir sind wie elektrisiert. Ich bewundere die Leistung, die unser Frauenachter zustandegebracht hat. Ich fühle mich geehrt, gleich in die erste Mannschaft eingeteilt worden zu sein, und rudere aus Leibeskräften, aber ich habe nicht einen Monat Training hinter mir wie die andern. Ihr Ruderschlag scheint mir sehr schnell. Ich triefe vor Schweiß und bin außer Atem. Ständig richtet sich das Sprachrohr an mich:

»Lockerer im Handgelenk! Rascher zurückziehen! Gerader Rükken!«

Wir treffen uns jeden Tag. Einige der jungen Frauen haben Ferien, die anderen arbeiten am Abend länger, um am Morgen eine Stunde frei zu haben. In der Garderobe, einem alten Zimmer mit Schränken und Duschen, komme ich mit Schura ins Gespräch. Sie hat die deutsche Schule in Moskau besucht, ihre Großmutter kommt aus Schlesien. Wenn nötig, übernimmt sie freundlicherweise die Rolle der Dolmetscherin. Ihr Vater ist Arzt, sie selbst ist Buchhalterin in einem Teegeschäft. Sie hat soeben eine elektrische Rechenmaschine bekommen und ist begeistert davon. Sie fragt mich, ob ich wisse, was das sei. Ich antworte mit einem Ja, was gar nicht der Wahrheit entspricht. Doch jeden Tag ärgere ich mich über die Jugendlichen, die glauben, daß die Russen die Maschinen erfunden haben.

Schura verdient 110 Rubel pro Monat, das ist viel, wenn man wie sie noch bei den Eltern wohnt. Sie hat sich ein Paar Uskid-Schuhe gekauft, um die sie alle beneiden – auch ich. Meine Schuhe kommen vom nächstbesten Flickschuster, der sie mir für einen Rubel mit einem Stück Fahrradschlauch aufgemöbelt hat. Selbst günstige Schuhe würden etwa 25 Rubel kosten, ein unerschwinglicher Preis für eine Ausländerin, die für einen Rubel das Doppelte seines Wertes bezahlen muß.

Unsere Kollegin Marussia ist sehr sympathisch, sie hat funkelnde blaue Augen, blondes, ganz glattes Haar, das über dem gebräunten Nacken kurz geschnitten ist, ein eckiges Kinn, das zu verstehen gibt, daß sie weiß, was sie will. Sie lacht und scherzt ununterbrochen, doch ich bin sicher, daß man auf sie zählen kann.

Wir baden beide im Fluß und umgehen das Verbot, die Stege als Sprungbretter zu benützen. Von uns beiden ist es noch am ehesten sie, an der ein Junge verlorengegangen ist. Sie rudert nicht mit uns, sondern fährt alleine in einem Skiff. Da kommt sie gerade, naß, mit triefendem Haar, in einem Motorboot an, das ihren Skiff schleppt; sie ist gekentert, als sie einem andern Boot ausweichen wollte.

»Das kann dem besten Ruderer passieren«, lacht sie.

* * *

Moskaus breite Straßen mit Kopfsteinpflaster.

Eine Kirche, die inzwischen zu einem Restaurant umgebaut wurde; im Vordergrund warten die Leute in der Schlange vor einer Konditorei.

Der berühmte Regisseur Pudovkin bei den Dreharbeiten zu seinem Film »Das Leben ist schön«.

Moskau baut.

Zukünftiges Regierungsgebäude des Tsik (exekutives Zentralkomitee).

Ruderclubs an der Moskwa.

Das Freibad der Chemikis am Ufer der Moskwa.

Tägliches Training.

Im Gemeinschaftssaal des Clubs stehen drei Tische, Stühle, eine Waage – oh, die Schlachten jeweils, wenn sich alle noch schweißgebadet nach dem Training gleichzeitig auf die Waage stellen wollen –, ein Tischchen mit Zeitungen, darüber ein Lenin-Bild, und als große Attraktion ein Imbiß: ein Glas Gurken, Kuchen, Sandwiches mit Pferdewurst, Süßigkeiten und Salate, um den größten Hunger zu stillen, und ein Samowar. In Moskau gibt es keine festen Essenszeiten. Wie in Berlin verläßt man zu Mittag seinen Arbeitsplatz nicht. Man ißt eine Kleinigkeit im Büro oder in der angrenzenden Kantine. Am Abend geht man nach Hause, sofern man jemanden hat, der für einen kocht, sonst ins Restaurant oder in eine Volksküche.

In großen Häusern wird das Kochen gemeinsam organisiert. Um die Mieter für dieses System zu gewinnen, verkauft der Staat ihnen die Lebensmittel zu reduzierten Preisen. Die beiden Mahlzeiten kommen dann auf 55 Kopeken. Dieser Brauch verbreitet sich immer mehr, je ansprechender die Häuser eingerichtet, je besser und abwechslungsreicher die vom Staat gelieferten Lebensmittel sind und je höher das Bewußtsein der Bevölkerung ist. Doch einige, die von den Neuerungen nichts wissen wollen und an den alten Gewohnheiten, wo noch nichts organisiert war, festhalten, köcheln sich weiterhin ihr eigenes Essen, jeder für sich in seiner eigenen Küchenecke, und streiten sich um die Benutzung der Gasplatte oder des Abfalleimers. Die Arbeiterinnen hingegen nehmen die Einrichtungen, die die private Hausarbeit abschaffen, mühelos an, denn sie sind eine wichtige Hilfe.

Die jungen Leute, mit denen ich in den Volksrestaurants esse, wissen, was gut ist. Zwar finden sie das Essen nicht immer großartig, aber das ist für sie nicht so furchtbar wichtig. Die einzige Mühe, die sie auf sich nehmen, um ein bißchen Abwechslung in ihre täglichen Mahlzeiten zu bringen, besteht darin, in die »Fabrik-Küche« gegenüber des weißrussischen Bahnhofs zu gehen. Wie im Kulturpark werden dort Tausende von Mahlzeiten pro Tag serviert. Für 50 oder 70 Kopeken ißt man dort sehr üppig. Weitere Großküchen befinden sich zum Glück im Bau.

Meine Freundinnen und Freunde wollen wissen, wie hoch die Lebenskosten in Berlin sind.

Man kann die Warenpreise nicht einfach nach dem gültigen Wechselkurs umrechnen. Nach meiner persönlichen Einschätzung entspricht ein Rubel etwa einer Mark (sechs Franken). Dabei gehe ich von der Nahrungsmittelmenge aus, die ich brauche, um für sechs bis sieben Stunden gesättigt zu sein, und nicht von der Qualität, denn die Ernährungsweise ist in den beiden Ländern zu unterschiedlich. In den Arbeiterquartieren Berlins, zum Beispiel im Gebiet der Warschauer Brücke, bekommt man für 70 Pfennig gleich viel zu essen wie in einer bescheidenen Moskauer Stolowaja für 70 Kopeken. Die Büro- und Fabrikkantinen sind billiger.

Eine Frage, die mir immer wieder gestellt wird, ist, ob die Arbeiter in meinem Land glücklich seien.

Ich fühle mich, ehrlich gesagt, nicht sehr zuständig, darauf zu antworten. Was ich sagen kann, ist, daß der Arbeiter, der eine Beschäftigung hat, ganz und gar nicht unglücklich ist. Seine Einkäufe sind nicht rationiert, er ist frei, Arbeitsstelle und Arbeitgeber zu wechseln, er hat jeden Tag Fleisch zu essen. Doch für die zahlreichen Arbeitslosen ist das Leben tragisch. Ich habe den letzten Winter in Deutschland zugebracht, wo fünf Millionen mehr oder weniger von der Wohlfahrt leben. Abgesehen von den Bettlern auf der Straße, die übrigens immer verhältnismäßig gut gekleidet waren, verging nicht ein Tag, ohne daß drei- bis viermal Männer mit ausgezehrten Gesichtern an meiner Türe klingelten, um ein Stück Brot oder eine gekochte Kartoffel zu erbitten. Allerdings ist es bei uns nicht üblich, daß so viele Arbeiter rudern und Abendkurse an der Universität besuchen.

Serge würde fürs Leben gern reisen, aber der russische Arbeiter kann seine Stelle nicht vor Ende des Fünfjahresplans verlassen, weil die wirtschaftlichen Berechnungen auf keinen Fall durch dauernd wechselnde Arbeitskräfte verfälscht werden dürfen. Offenbar machte der Nomadentrieb des Russen diese Maßnahme notwendig.

Serge ist Mechaniker, er verdient 125 Rubel pro Monat. Er möchte Bauingenieur werden. Nach der Arbeit studiert er regelmäßig abends, und er fragt sich, ob er wohl sein erstes Examen bestehen wird.

Marussia, das kleine Ekel, neckt uns unablässig.

»Ella, schau Serioschi an, er ist schön, nicht wahr… bist du in deinem Land verheiratet? Serge, sag, ist Ella nicht sympathisch?«

»Und du, Marussia«, sage ich zu ihr, »willst du nicht heiraten?«

Sie lacht auf und antwortet mit einem Seitenblick auf Fedia.

»Ich bin sehr glücklich so, wie ich bin… und weißt du, um zusammenzuleben, muß man sich schon sehr gern haben.«

Serge kümmert sich um die Jugendlichen in seinem Betrieb. Diese haben begriffen, daß alles im Lande ihnen gehört, sei es eine Brücke, ein Theater oder ein Elektrizitätswerk. Gegenwärtig bemüht sich Serge darum, ein mit dem Gemeinschaftsgefühl einhergehendes Bewußtsein zu schaffen, ein Bewußtsein nämlich, daß, wenn alles im Staat uns gehört, wir unsererseits zu diesem Ganzen beitragen müssen.

* * *

Unser Achter steht abfahrtsbereit an der Strielka. Wir rudern flußaufwärts. An den Ufern Schwimmbäder, Sprungbretter, Stufen, Wäschereischiffe und schwimmende Garagen, im Hintergrund die Häuser der Stadt.

Der Fluß ist sauber. Wenige Schleppkähne, aber zahlreiche Boote behindern das Vorwärtskommen. Nach der Krimbrücke fährt man an den beeindruckenden Stufen des Ruderclubs Dynamo vorbei. Ihm gegenüber liegt der sich über mehrere Kilometer erstreckende Kultur- und Erholungspark mit Theater, Konzertsälen, Hallen, Buchausstellung, Bühne, Zirkus, Kinderparadies, Bibliothek, Ruhepavillons, Rutschbahn, Riesenrad, riesigen Volksrestaurants und einem Kino. Im Kino werden zur Zeit im Rahmen der ersten Theater- und Kino-Olympiade die dreißig besten Filme aus der Sowjetunion gezeigt. Eine einmalige Gelegenheit, die ich natürlich auf keinen Fall verpassen will! Ein Kollege hat mir einen Ausweis geliehen, mit dem ich auch kostenlos zu den Theatervorstellungen gehen kann, die von Truppen aus den vierzehn Republiken der Union aufgeführt werden. Jeden Abend komme ich mit regelmäßig zwei Minuten Verspätung zur Sechs-Uhr-Vorstellung. Da die unerbittlichen Platzanweiserinnen mich nicht mehr einlassen, gehe ich um das Gebäude herum zu einem kleinen Seiteneingang bei der Kasse. Mit dem Zauberwort ›Journalistin!‹ bin ich, noch bevor mich jemand zurückhalten kann, unter der Leinwand hindurchgeschlüpft und im Saal.

Einst ein Geschenk Katharinas II. an einen ihrer Schützlinge, steht der Park heute allen zur Verfügung. Im Sommer kommen manchmal bis zu 300 000 Gäste pro Tag hierher.

Im Sommer ist Moskau eine der angenehmsten Städte, die ich kenne. Besonders das Leben auf dem Fluß ist einmalig. Oft vereinbaren mehrere Schiffe miteinander ein Treffen, und wir rudern bis zum großen Flußbogen am Fuß der Spatzenberge, dichtbewachsenen Hügeln, die aus dem Wasser aufsteigen. Auf der einen Seite ist das Ufer niedrig. Nach der Münzfabrik, vor der immer ein Wächter steht, stehen im flachen Feld kleine Holzbauernhäuser.

Wir halten bei der Böschung an und spazieren in der Sonne. Marussia spricht vom Heiraten. Ich weiß, daß diese Frage hier sehr vereinfacht worden ist. Wenn zwei Menschen das gesetzliche Alter erreicht haben, genügt ein einfacher Eintrag ins Gemeinderegister. Diese Formalität ist im übrigen nicht einmal obligatorisch. Falls sie nicht erfüllt wurde und ein Vater sein Kind nicht anerkennen will, muß die Mutter beweisen, daß er der Vater ist. Es kann vorkommen, daß nach verschiedenen Einsprüchen zwei Männer die Alimente zahlen müssen:

»Besser zwei Väter als gar keiner.«

Es geht die Rede eines Jungen um, der, als er in die Stadt kam, um Arbeit zu suchen, und gefragt wurde »Wer sind deine Eltern?«, stolz antwortete:

»Ich bin der Sohn einer Bäuerin und zweier Arbeiter!«

Offenbar wollte der Junge unbedingt ein hundertprozentiger Proletarier sein!

Marussia sagt mir, daß davon die Rede sei, die wenigen noch bestehenden Heiratsformalitäten ganz abzuschaffen, da der nicht »eingetragene« Vater die gleichen Verpflichtungen hat wie der, der sich offiziell verheiratet hat.

Marussia ist froh, nicht wie viele ihrer Kolleginnen verheiratet zu sein. Eine möchte sich scheiden lassen, kann dies aber nicht, bevor sie nicht mindestens ein halbes Jahr mit ihrem Mann zusammengelebt hat. Sie hat schon eine Anzeige in die Zeitung gesetzt, in der sie ein Zimmer mit einem großen Bett gegen zwei kleine mit Einzelbett zum Austausch vorschlägt. Sie freut sich auch nicht auf das Kind, das sie erwartet, aber sie erhält keine Abtreibungserlaubnis. Damit sie ihr erteilt würde, müßte sie entweder krank sein oder aber in sehr armseligen Verhältnissen leben.

Zwei große Tschangis unterbrechen Marussias Erzählung. Sie packen sie und werfen sie trotz ihres Widerstands in den Fluß, damit sie ein wenig Wasser schlucke und so etwas vom Leben verstehen lerne.

Darauf klaut mir die kleine Olga meine Baskenmütze. Sie würde mir jeden gewünschten Preis dafür bezahlen, denn sie sitzt besser als die Mützen aus Moskau.

* * *

In einer Werft am Flußufer arbeitet Ludwig Turek. Ich habe ihn eines Abends anläßlich der Kritikervorführung des Films *Städte und Jahre* im Büro des »Sojus-Kino« getroffen. Obwohl er bereits eine Glatze hat, ist er noch jung. Er ist seit seiner frühen Jugend kommunistischer Aktivist, Druckereiarbeiter und Autodidakt. Er führte immer ein hartes Leben. Vor kurzem hat er ein Buch mit dem Titel *Ein Prolet erzählt* geschrieben, für dessen russische Übersetzung er 2000 nicht in Mark wechselbare Rubel erhalten hat. Nun ist er seit vier Monaten in Moskau, um dieses Geld auszugeben. Ich weiß nicht mehr, wie wir auf Schiffe zu sprechen kamen. Er sagte, er könne mir zu Auskünften verhelfen, sein Freund Fürst habe Tausende von Kilometern auf den russischen Flüssen zurückgelegt.

Zwei Tage später betrat ich Fürsts Zimmer im Hotel »Lux«, wo die Parteimitglieder absteigen.

Fürst, blaß und mager, einer von denen, die so aussehen, als ob sie eine ganze Menge wüßten, war gerade dabei, etwas zu diktieren. Nina, Fürsts Frau, eine junge Russin mit regelmäßigen Zügen, zerdrückte eine Wanze an der Wand. Auf dem Fußboden flickte Turek vor einer Schublade voller Werkzeug das verstreute Material seines zerlegbaren Kanus. Überall lagen Bücher herum.

Fürst hatte einen Reisebericht über seine Fahrt auf dem Dnjepr geschrieben. Diesen Frühling wollte er mit Nina in seinem Kanu von Leningrad nach Astrachan am Kaspischen Meer rudern. Aber man hat ihm die Reiseausrüstung und das Manuskript über seine erste Expedition vom Schiff gestohlen. Da das Schiff auf dem Gelände eines Sportverbandes lag, wurde ihm eine Entschädigung bezahlt. Dennoch war die Reise unmöglich geworden, denn die in Deutschland gekaufte Ausrüstung (Fotoapparat, Kochausrüstung, Schlafsäcke, Schreibmaschine usw.) konnte in Moskau nicht ersetzt werden.

Ich studierte Fürsts Karten. Mit dem Zug wollte ich nach Saranpaul im Ural, von dort aus nach Kama und dann die Wolga hinunter. Aber dazu brauchte ich ein Schiff. Ich erfuhr, daß ein Bäcker aus Hamburg namens Kühler mir vielleicht sein Kanu leihen könne.

An einem der folgenden Abende suchen Turek und ich Kühler gegen Mitternacht auf. Durch ein Tor gelangen wir in einen Hof mit einem alten, windschiefen Haus. Im ersten Stock sind vom Boden bis zur Decke Brote aufgeschichtet, die einen herben Geruch verströmen. Im zweiten Stock liegen auf unzähligen übereinandergestapelten Blechen Brioches mit schwarz und knusprig gebrannten Rosinen.

Kühler ist blaß und hat fiebrige Augen. Er muß noch eine Ladung aus dem Ofen nehmen, aber sein Vorarbeiter entläßt ihn mit einer Handbewegung. Er hat bemerkt, daß ich die Brioches nicht aus den Augen lasse, und als wir weggehen, steckt er mir eine unter den Arm. Ich spüre ihre Wärme, während Kühler von seinen Eindrükken erzählt:

»Die Menschen hier sind sehr anders als bei uns. Man wird hier als Mensch, der auch Gefühle hat, ernstgenommen. Solidarität gibt es tatsächlich. Hier ist nicht alles militärisch und brutal wie an den meisten Orten in Deutschland. Kürzlich war ich krank, ich hatte Fieber. Als mein Arbeitskollege es bemerkte, sagte er, ich solle nach Hause gehen, er übernehme meine Arbeit.«

Er hält inne, läßt Erinnerungen aufleben.

Kühler war in Deutschland arbeitslos, obschon er ausgebildeter Zuckerbäcker ist. Deswegen ist er hierhergekommen.

»Das einzige Unangenehme ist«, sagt er, »daß ich noch kein Russisch kann. Deshalb bin ich froh, heute abend mit euch zu sprechen. Ich verdiene 110 Rubel pro Monat. Das ist nicht viel, denn ich kenne meinen Beruf von der Pieke auf. Aber unser Chef, der drei solche Betriebe leitet und viel mehr als wir anderen arbeitet, verdient auch nur 195 Rubel.«

»Wißt ihr«, fügt er hinzu, »der Freund, bei dem ich wohne, ist krank, aber seine Krankenhauszeit wird ihm nicht von den Ferien abgezogen!...«

Nebenbei habe ich erfahren, daß Kühler sein Kanu einem Genossen geliehen hat, der Moskau verlassen hat. Ich verpasse meine letzte Straßenbahn, denn ich möchte Kühler, der schon so lange mit keinem mehr hat reden können, zuhören.

* * *

Nachmittags bade ich oft im Schwimmbad des Chemikow-Stadions. Der Weg dorthin ist mein liebster Spaziergang.

An der Endstation der Straßenbahn 17 kaufe ich für 25 Kopeken hundert Gramm Erdbeeren. Sie sind eingewickelt in eine Seite aus der »Illustration« vom 21. Oktober 1916. Unter dem Foto eines zerstörten Dorfes steht: »Die Soldaten des marokkanischen Kolonialregiments besetzen die Ruinen des rückeroberten Fleury.«

Gegenüber einer modernen, zu einer Stolowaja umgebauten Kirche steht das Kloster Nowoje-Djewitsche, umgeben von einer riesigen Mauer mit Schießscharten, die aus einem von Weiden und hundertjährigen Eichen umsäumten Teich aufragt. Innerhalb der Mauer drängen sich Wohnhäuser, in Museen umgewandelte Kirchen mit glänzenden Kuppeln und Kreuzen, von Sträuchern und Blumen überwucherte Kapellen, ein großer Glockenturm mit gestuften Stockwerken, dessen weiße Reliefs sich vom roten Gestein abheben.

Die ehemaligen Bewohner dieser alten Gebäude sind seit langem verstummt. Peter der Große hatte als Siebzehnjähriger seine Schwester Sophie, die einstige Herrscherin, hier einsperren lassen. Heute trocknet Wäsche auf den verfallenen Ruinen, und Kinder spielen auf den mit Inschriften versehenen Steinplatten.

Außerhalb des Klosters, am Fuß der hohen Mauer, sitzt ein Maler vor seiner Staffelei, eine schläfrige Kuh steht unbeweglich neben den Wasserrosen.

Ich erreiche das neue Chemikow-Stadion. Im Badeanzug wird Basketball, Volleyball und Tennis gespielt. Beim Bau der Tennisplätze gab es große Auseinandersetzungen. Die einen sagten, Tennis sei als bürgerlicher Sport abzulehnen, die andern waren der Ansicht, daß man die interessanten Errungenschaften des Bürgertums übernehmen müsse.

Die Tribünen des Fußballfeldes, die Garderoben und die Stufen zum Schwimmbad sind aus Holz. Das Schwimmbad liegt draußen am Flußufer, der Badeanzug ist obligatorisch. Am Strand hingegen, zu beiden Seiten des Schwimmbades, wird nackt gebadet, rechts die Männer, links die Frauen. Kinder mit glatter Haut, ihre Mütter, deren Haut durch die Mutterschaften schlaff geworden ist, und pralle junge Mädchen verbringen hier ihre Nachmittage mit Handarbeiten und Lesen.

* * *

Manchmal gehe ich auf dem Weg zur Strielka bei Sonja vorbei. Wie die meisten unserer Kameraden und Kameradinnen hat sie diesen Monat Ferien. Sie wohnt in einem einstöckigen Holzhaus, von dem drei Seiten auf einen baumbepflanzten Hof hinausgehen. Ihre Mutter ist Buchhalterin in einer Kooperative. Sonja selbst arbeitet für 95 Rubel pro Monat in einer Bibliothek. Die vier kleinen Fenster ihres niedrigen, länglichen Zimmers verschwinden beinahe hinter Grünpflanzen, so daß ein Licht wie in einem Aquarium herrscht.

Fedia, Marussia, Serge, Anna und ich rudern in der drückenden Sonne flußaufwärts zu den Spatzenbergen. Dort machen wir unser Boot fest und steigen zum Gipfel des Hügels hinauf. Ich weiß nicht, wohin der Weg führt, und es ist mir auch gleichgültig. Ich genieße es, barfuß zu gehen und mit meinen nackten Füßen den Boden zu spüren. Barfuß gehen ist eine Seefahrergewohnheit, der ich so oft wie möglich nachgebe. Deshalb gibt es für mich viele Ausflüge, an die ich mich nicht mit den Augen, sondern mit den Fußsohlen erinnere.

Im Schatten der Büsche gibt die frische, feuchte Erde unter dem Tritt nach und behält einen sauberen Abdruck; der Fuß krallt sich aus Angst auszurutschen ein wenig zusammen. In den Lichtungen klammern sich die Zehen ins geschmeidige Gras wie grobe Kämme in trockenes Haar. Dann kommen Steinstufen, lauwarm und rauh, aber so hart, daß die Ferse bis auf den Knochen zusammengedrückt wird.

Wir gehen an einem Restaurant vorbei, das über den Fluß hinausragt. Anna läßt eine Schimpftirade los. Neulich hat man sich hier geweigert, uns zu bedienen, weil wir im Badeanzug waren und dies einer Dame mit Sonnenschirm nicht paßte!

Nach dem Überqueren der Hauptstraße, wo Sandkörner wie Nadeln in die Haut stechen, betreten wir wieder den Wald. Was für eine Freude für meine Füße! Der Waldweg ist trocken, warm und glatt, auf diesem elastischen Boden könnte man stundenlang gehen. Wir halten auf einer Waldlichtung an. Es öffnet sich ein weiter Blick auf die hellen, flachen Wogen der Getreidefelder. Wie eine Orgelpfeife streicht der Wind über die sich geschmeidig biegenden Halme...

Wir setzen uns am Fuß eines Baumes nieder und sprechen über dieses und jenes. Fedia beklagt sich über das Verbot, vor den Rudermeisterschaften eine Frau zu berühren.

«Das ist doch wirklich hart. Hoffentlich ist es bald soweit.«

Anna erklärt mir:

»Ich wäre sofort eine hundertprozentige Kommunistin, wenn der Staat Seidenstrümpfe statt dieser gräßlichen Baumwollstrümpfe herstellen würde.«

Dann spötteln wir über unsere Kameraden, vor allem an der armen Betty lassen wir keinen guten Faden. Niemand mag sie. Sie ist klein, sehr jung, blaß, kraushaarig und Brillenträgerin. In ihrer Pioniersuniform sieht sie aus wie eine Blutwurst. Man kann ihr unmöglich ausweichen. Mit ihrer schweren, feuchten Hand hängt sie sich einem an den Arm und beginnt zu schwatzen:

»Weißt du, ich bin mit einer Pionierdelegation schon in Berlin gewesen. Und du?«

Dann hält sie einem ein völlig abgegriffenes Foto unter die Nase, das sie vor dem Brandenburger Tor zeigt.

»Wieviel ist dein Apparat wert? Verkaufst du ihn mir?«

Betty gehört zu den Menschen, die von jeder Minute profitieren und die immer wieder auf die eigenen Füße fallen. Betty kann keinen Augenblick sein, ohne den kleinen Finger in ihre Stupsnase zu stecken. Jeden ihrer Sätze versieht sie mit sowjetischen Modeausdrücken: Wettbewerb, Fünfjahresplan in vier Jahren, Kulturfront, Offensive gegen Geschlechtskrankheiten, Stoßbrigade...

»Bist du Parteimitglied?« fragt sie mich eines Tages.

Sie geht mir wirklich auf die Nerven, und ich antworte:

»Nein, Betty, ich bin eine miese Vertreterin des Bürgertums!«

»Das ist nicht wahr«, protestiert sie, »sonst hätte man dich nicht in die Union hereingelassen!«

Dann merkt sie, daß ich nicht spaße, und fügt hinzu:

»Dann gehörst du also zu jenen, die nicht arbeiten?«

Aber der Tag ist zu schön, um uns mit solchen Spötteleien davon abzulenken.

Fedia hat seinen Kopf auf Marussias Bauch gelegt. Ich träume, und als ich Serge anschaue, bin ich erstaunt darüber, wie schön ein nacktes Schulterpaar sein kann. Schweigend entfernt sich Fedia mit Marussia, den Arm um ihre Taille gelegt... Das Leben ist schön! Das Leben ist einfach! Wie anders als bei uns!

Ich sehe sie vor mir, die Neugierigen, auf saftige Geschichtchen Erpichten, wie sie wissen wollen, was dann geschehen ist, wenn möglich mit Details. Aber hier herrscht eine andere Mentalität. Was anderswo so furchtbar interessant scheint, spielt sich hier kommentarlos, natürlich, selbstverständlich ab.

4

EINE NEUE MENTALITÄT

Fedor und ich sprechen häufig über Sport. Als Lesshaft, nach dem das heutige Leningrader Gymnasium benannt ist, sich seinerzeit für Körperkultur einsetzte, warf man ihm revolutionäre Ansichten vor. Doch heute ist der Sport ein Teil der gesamtgesellschaftlichen Organisation. Er ist ein Beitrag zum Wiederaufbau, Anleitung zum neuen Leben: für die Kinder in der Schule, die Arbeiter in der Fabrik, die Truppen in der Armee, die Kranken in den Sanatorien.

Im Westen ist Sport leider allzu oft ein Beruf, für den man Rekorde aufstellen und Wettkämpfe gewinnen muß. In der UdSSR kommen die individuelle Anstrengung, wie aufopferungs- und verdienstvoll diese auch sein möge, das Streben nach Rekorden, der Wunsch, eine bestimmte Mannschaft, einen bestimmten Club, eine bestimmte Nation als Sieger zu sehen, erst in zweiter Linie. In erster Linie geht es darum, die Notwendigkeit der kollektiven Anstrengung zu begreifen. Schließlich ist es besser, wenn alle 10000 Club-Mitglieder Fortschritte erzielen, als wenn nur einer Rekorde aufstellt. Es geht darum, das Niveau aller zu heben.

Die Sportverbände der Union zählen fünf Millionen Mitglieder. Am Ende des Fünfjahresplans soll diese Zahl auf 30 Millionen ansteigen. In Moskau gab es früher nur elf Sportplätze, heute, 1930, sind es 443. Obwohl der Staat für die Entwicklung der Körperkultur Riesensummen ausgibt, bleibt noch ungeheuer viel zu tun.

Es ist unmöglich, jedes Jahr die erforderlichen 600 Sportlehrer zu liefern. Während der ersten Jahre des neuen Regimes wurden diese Stellen von ehemaligen Spitzensportlern besetzt. Doch diese wollten sich die modernen Ideen nicht zu eigen machen. Heute ist man dazu übergegangen, junge Sportlehrer auszubilden.

Im ein wenig heruntergekommenen ehemaligen Rasumowski-Palast leben 500 Studentinnen und Studenten des 1918 gegründeten Sportinstituts aus allen Teilen Rußlands in einer Art Kommune.

Ich streife durch Büros, in denen eifrig gearbeitet wird, auf der Suche nach einer Person, die mir meine Fragen beantworten kann. Man hat Lola aufgetrieben. Sie stammt aus der Republik der Wolga-Deutschen. Sie hat schwere, braune Zöpfe, einen langen Hals, blaue, mit braunen Punkten gespickte Augen und schaut mit der ruhigen Selbstsicherheit derjenigen, die mit sich selbst in Einklang stehen, in die Welt, was mich bei den Jungen immer sehr berührt. Sie ist 18, das ist das Mindestalter, um am Institut zugelassen zu werden. Sie ist die Enkelin emigrierter Bauern, und obwohl sie Rußland noch nie verlassen hat, spricht sie ein perfektes Deutsch mit einem drolligen bayrischen Akzent.

Unter ihrer Führung besichtige ich die Räumlichkeiten: Gymnastiksäle, fliesenbelegte Korridore, ein Bogendurchgang, auf dem das Wort ›Skier‹ steht. Lola erklärt mir:

»Da stellen wir im Winter unsere Latten hin, wenn wir vom Training im Wald zurückkommen.«

Wir gehen hinaus zu den Sportplätzen und Aschenbahnen. Links die alten Bäume eines Parks und ein Volleyball-Feld, etwas weiter ein Teich, aus dem man ein Schwimmbad machen will. Überall hat man den Eindruck einer veralteten Umgebung, die nur darum überlebt, weil sie sich anpaßt.

Im ersten Stock liegen die Schulsäle, an der Wand hängt ein riesiger Stundenplan. Im letzten Jahr absolvieren die Studierenden ein dreimonatiges Praktikum in einer Fabrik, um das Leben der Arbeiter, um die sie sich später zu kümmern haben, kennenzulernen. Auf Schritt und Tritt wird dem rein theoretischen Lernen der Kampf angesagt.

Eine Wandzeitung.

Überall sitzen Schülerinnen auf hohen Fensterbrettern, die Nase in ihre Hefte vergraben; sie wirken offen und sympathisch.

Dann besuchen wir die Säle, in denen die Wissenschaften gelehrt werden, die mit dem menschlichen Körper zu tun haben. Geräte für Analysen und Messungen, Physik- und Chemielaboratorien, zahlreiche Apparate für das Studium des Nervensystems in all seinen Erscheinungsformen. Ich verlasse diese Säle mit der Überzeugung, völlig unwissend zu sein.

Nicht weniger als 110 Professoren und Instruktoren unterrichten am Institut. Die Kosten pro Schüler belaufen sich auf insgesamt 580 Rubel pro Jahr.

Lola führt mich zu den Schlafsälen im angrenzenden Teil des Gebäudes. An den numerierten Türen stehen die Namen der acht bis zehn Studentinnen, die ein Zimmer bewohnen. Drinnen in der Mitte ein großer Tisch, an den Wänden Eisenbetten, unter jedem Bett ein Koffer, an den Wänden Fotos.

Drei ältere Studentinnen halten sich im Zimmer auf, sie sind mit Nähen oder Lesen beschäftigt. Nach einer kurzen Musterung heißen sie mich herzlich willkommen. Nach Ende der Kurse kommen noch weitere Schülerinnen, nur eine geht wieder hinaus, wahrscheinlich hat sie nicht gerne zu viele Leute.

Meine Anwesenheit ruft keine Aufregung hervor, doch es herrscht allseitig eine große Neugierde. Die Studentinnen sind mir alle auf den ersten Blick sympathisch, und unser Interesse aneinander knüpft ein Band zwischen uns.

Sie nehmen mich unter sich auf. So, wie ich bin, mit nackten Beinen, braungebrannt und ohne Hut, bin ich ihnen ähnlich. Sie spüren, daß ich, genau wie sie, zwar durchaus denken kann, aber vor allem an der frischen Luft sein muß, um ich selbst zu sein. Ich erzähle ihnen vom Sport bei uns, den Schwierigkeiten, die wir haben, von den Plänen, die ich mit meiner Mannschaft verwirklichen wollte…

Wir verbringen den Nachmittag gemeinsam. Sie diskutieren, als wäre ich eine von ihnen. Im Lauf unserer Gespräche, in denen wir keine Umschweife machen, um uns während dieser einmaligen Begegnung so viel wie möglich zu sagen, begreife ich mehrere grundsätzliche Dinge, die ich bis anhin nur undeutlich gespürt hatte.

Diese Studentinnen bilden die neue Jugend. Sie sind befreit von den Fesseln, die »die andern« einengten und immer noch einengen. Befreit, oder besser gesagt frei, denn sie hatten gar keine Fesseln zu sprengen, sie sind von der Vergangenheit unabhängig. Sie kennen sie nicht und wollen ihre Zeit nicht damit verlieren, ihr nachzutrauern. Unabhängig auch von der Familie und ihren Verpflichtungen. Unabhängig schließlich von der Religion und ihren Zwängen. Kurz, sie sind fähig, sich selbst und das Leben auf direkte Art zu begreifen und das zu spüren, was an Wesentlichem in ihnen ist, nämlich das Menschsein.

Bei uns trifft man viele Befreite, aber diese wissen nicht, auf welchem Bein sie tanzen sollen. Einige gehen in die Ferne, nach Kanada oder auf eine Pazifikinsel, um den Sinn des Lebens, den sie sich mühsam erobert haben, nicht wieder zu verlieren. Aber vielleicht ist es ja gar nicht nötig, Neuland urbar zu machen, um mit den Gesetzen des Lebens in Einklang zu sein.

Die russische Jugend hat begriffen, daß sie Teil eines Ganzen ist… daß das Leben dort ist, wo man zu dieser Entwicklung beiträgt. Die Jugend lebt, sie formt aus all ihren Kräften mit.

Die meisten der Studentinnen haben ihre Familie vor zwei oder drei Jahren verlassen. Sie hatte ihnen nichts mehr zu bieten. Hier jedoch werden sie verstanden und leben sie inmitten von Menschen, die ihre Ideen teilen.

Ständig das Leben in der Gemeinschaft! Könnte ich mich wohl daran gewöhnen, wenn ich in Moskau bliebe, am Filmtechnikum oder an der Sporthochschule?

Niemand kann meine Fragen beantworten, geschweige denn verstehen, welche Vorstellungen sich hinter ihnen verbergen. Alle glauben, daß ich ins Abstrakte abschweife!

Wenn ein Ausländer will, daß seine Fragen hier verstanden werden, muß er all seine Ansichten an der Grenze zurücklassen. Erst wenn er sich freigemacht hat, kann er ermessen, von welch anderm Blickwinkel aus hier alles betrachtet wird. Wenn er will, kann er dann bei der Ausreise sein »Meinungsgepäck« wieder abholen, falls er es überhaupt noch für brauchbar hält.

Im Kontakt mit Jugendlichen oder Kommunisten habe ich oft das Gefühl, mich auf einer anderen Wellenlänge zu bewegen, so daß kein wirklicher Austausch zustande kommt. Wie oft geschieht es wohl, daß Ausländer Fragen stellen, die sie für grundlegend halten, und nur eine nichtssagend-höfliche Antwort darauf erhalten, weil der betreffende Russe einfach nicht begreift, was der andere wissen will?

Unsere Werte sind hier außer Kurs gesetzt. Die Definitionen, in die wir unsere Ideen einpacken, sind in Moskau nur leere Kisten, die einem die Sicht versperren. Wir sind erstaunt, hohle Antworten zu erhalten. Dabei provozieren wir diese selbst mit unserer Sprache, die nicht die ihre ist.

Unsere ewige Fragerei nach grundsätzlichen Dingen wie Individuum, Liebe, Religion etc. geht am Kernpunkt des Lebens vorbei.

Ein Russe mittleren Alters versucht vielleicht, einige Erklärungen zu geben, falls er dies der Mühe wert findet. Er kann das, weil er sich noch an die Vergangenheit erinnert, als die Vorstellungen die gleichen wie unsere waren.

»Nein doch«, wird er sagen, »unser Gemeinschaftsleben bedeutet nicht das Ende des Individuums. Im übrigen will dieser Ausdruck nicht viel heißen, die besten persönlichen Eigenschaften können nicht für sich allein bestehen, sie sind abhängig von ihrer Zeit und ihrer Umgebung.«

»Das kollektive Leben tötet das Individuum nicht«, wird er hinzufügen, »im Gegenteil, es fördert dieses ständig. Wer glaubt, etwas zu bieten zu haben, wendet sich an die Gruppe, die ihn verstehen, bereichern, unterstützen kann. In Augenblicken der Mutlosigkeit und der Unsicherheit hat der Mensch, der sich jemandem anvertrauen kann, weniger Sorgen und weniger Schwierigkeiten. Das Vorhandensein der Gruppe mit ihrer Erfahrung macht ihn stärker. Heute kann man in den Kommunen feststellen, daß das Individuum das Bedürfnis hat, auch seine Freude zu teilen. Es will nicht mehr allein mit seinen paar Büchern und Gegenständen in seiner Ecke bleiben. Die vielfältigen Vorteile, die die Gruppe bietet, sind ihm unentbehrlich geworden. Dieses Individuum wird sich nicht daran stören, daß die Kommune auch ein wenig Einsatz von ihm verlangt.«

In einer Ecke des Zimmers steht ein Kinderbett. Eine der Studentinnen ist Mutter, ihr Mann ist auch am Gymnasium, und man hat ihr erlaubt, ihr fünfjähriges Mädchen mitzunehmen. Über den Betten hängen einige Fotos von Familienmitgliedern in steifer Pose, oft auch Fotos von jungen Männern, von Lenin, von einem Filmschauspieler. Hier, neben dem Bild eines Schwimmers, eine Aufnahme von Vera Malinowskaja, puppenhaft geschminkt, wie ich sie einmal in Berlin, als sie bei der Meschrabpom-Filmgesellschaft debütierte, gesehen habe.

»Gefällt sie dir?« frage ich die Besitzerin des Fotos, eine kleine Rothaarige.

»Eigentlich nicht besonders«, sagt sie, »aber siehst du, es ist wenigstens einmal eine Russin!«

Mein Blick fällt auf das Foto eines schönen jungen Mannes in weißem Anzug auf langen Skiern.

»Das ist mein Mann«, erklärt mir eine große, schlanke Blondine. »Er hat am berühmten Staffellauf Khabarowsk-Moskau teilgenommen, der 9600 km östlich von hier, im Norden von Wladiwostok, begann!«

Alle Studierenden verdienen pro Monat 50 Rubel. Auch die 200 Schüler des Filmtechnikums erhalten den gleichen Lohn. Ich habe ihre armselige provisorische Unterkunft in der Altstadt (Kitai Gorod) besucht. Ein junger Londoner mit wilder Mähne, der kein Wort Russisch spricht, ist gerade in diese Gemeinschaft eingetreten. Er findet es phantastisch, daß die Studenten einen Lohn erhalten. In diesem Zusammenhang komme ich nicht umhin, die folgende Begebenheit zu erzählen:

Als ich in Begleitung einer Gruppe von Ausländern den Kreml besichtigte, hörte ich, wie die Dolmetscherin zwei Cambridge-Absolventen fragte:

»Wo arbeiten Sie?«

Der eine antwortete:

»Ich absolviere ein Praktikum bei einem Notar.«

»Was verdienen Sie da?«

»Ich werde erst in fünf Jahren, wenn ich meine Lehre abgeschlossen habe, einen Lohn erhalten.«

»Aber das ist ja Diebstahl!« rief die Dolmetscherin empört aus.

* * *

Vergeblich hatte ich mich nach einem Kanu umgesehen. Zur Not hätte es auch ein Kajak getan. Um eines zu erhalten, mußte ich mich an den Staat oder eine Reisegesellschaft wenden.

Im Laufe meiner Bemühungen gerate ich eines Tages an die nautische Abteilung von »Sowtourist«, der Gesellschaft für proletarischen Tourismus. Das ist eine wunderbare Einrichtung: Für geradezu lächerlich niedrige Preise kann man überallhin reisen, von Kamchatka bis nach Samarkand, Städte, Fabriken oder Bauernhöfe besuchen, an einer Kreuzfahrt auf Seglern im Schwarzen Meer teilnehmen oder im Ural auf Bärenjagd gehen. Der Tourismus ist wie der Sport der großen gesellschaftlichen Organisation für Körperkultur unterstellt. Beide tragen dazu bei, den Staat neu aufzubauen, für ein neues Leben zu kämpfen.

Die Tourismus-Gesellschaft spielt eine wichtige Rolle. Sie hilft den Bürgern, ihre Ferien zu gestalten. Mit Hilfe der Bücher, die in der Bibliothek der Gesellschaft zu finden sind, wird die Reise vorbereitet. Der Tourist soll seinen politischen Horizont erweitern, seine kulturellen Kenntnisse vertiefen, sich bewußt werden, daß überall an neuen Lebensformen gearbeitet wird. Ob Städter oder Bauer, als Reisender ist er immer ein Bindeglied zwischen Stadt und Land. Man beantwortet seine Fragen, und überall findet er offene Türen.

Die Gesellschaft gibt einen Katalog heraus, in dem Preise und Etappen von mehr als zweihundert Reisen aufgeführt sind. Wenn einer ohne konkretes Ziel wegfährt, gibt er bei seiner Rückkehr eine Beschreibung seiner Route ab mit Hinweisen auf besonders Interessantes und auf die Versorgungslage in den Ortschaften. Sein Bericht wird dann analysiert, und eventuell wird seine Reise in den Katalog aufgenommen.

Eine zweiwöchige Reise kostet sechzig Rubel, alles inbegriffen: Bahn, Schiff, Unterkunft, Essen und Führer. Das ist für jeden erschwinglich. Man schätzt, daß dieses Jahr mehr als zweieinhalb Millionen Sowjetbürger die Dienste der Gesellschaft für proletarischen Tourismus in Anspruch genommen haben.

Wenn jemand nicht in der Lage ist, seine Reise zu bezahlen, prüft ein lokales Komitee der Gesellschaft die Möglichkeit einer Preisreduktion, zum Beispiel als Studienreise, die für die berufliche Weiterbildung wichtig ist und dann unterstützt wird.

In zahlreichen Städten und Ortschaften unterhält die Gesellschaft Basen, in denen man für vierzig Kopeken einen Liegeplatz in einem einfachen, aber sauberen Schlafsaal erhält. Dies ist enorm wichtig in einem Land, wo es noch nicht genügend Hotels gibt. In den großen Zentren gehört zur Basis auch ein Restaurant. Wenn dies nicht der Fall ist, hilft das Büro den Touristen bei der Versorgung. Da noch nicht genügend solcher Basen existieren, belegt die Gesellschaft vom Staat geliehene Unterkünfte. In den Hochtälern des Kaukasus, die nur im Sommer zugänglich sind, steht das Schulgebäude den Touristen zur Verfügung. So kann sich der Alpinismus in diesen wilden Regionen, wo früher nur Wissenschaftler, Forscher oder reiche Jäger hinfanden, entwickeln. Swanethien, das bis vor kurzem noch unbekannt war, hat dieses Jahr tausend Touristen Unterkunft geboten. Die Basis von Batum hingegen registrierte über 40 000, die von Moskau über 60 000 Reisende.

Man kann die ganze Ausrüstung – Sportgeräte und Kleidungsstücke, die die Gesellschaft auch selbst herstellt – im Laden von Sowtourist mieten oder kaufen. Die Gesellschaft liefert auch alles, was zur Versorgung gehört. Sie hat mehr als zwei Millionen regelmäßige Mitglieder. Der Mitgliedsbeitrag beträgt zwei Rubel pro

Jahr. Mitglied werden kann man als Einzelperson oder als Gruppe. Als Einzelmitglied muß man einen gültigen Bürgerausweis besitzen. In den Basen haben die Mitglieder vor anderen Touristen Vortritt und bezahlen auch ein paar Kopeken weniger.

Die Gesellschaft gibt alle zehn Tage eine Zeitung mit einer Auflage von 60 000 Exemplaren heraus, in der alles steht, was mit Tourismus zusammenhängt.

Die GPT mit ihren Zielsetzungen spielt eine eigentliche Pionierrolle, und mit ihren zahlreichen Einrichtungen verfügt sie über ein Kapital von fünfzig Millionen Rubel. Sie wird von den Berufsverbänden unterstützt, doch sobald sie vollständig aufgebaut ist, wird sie sich selbst finanzieren.

* * *

Ich spreche mit dem Genossen Naskow, einem Schiffahrtsspezialisten. Wegen der unumgänglichen Transportkosten für das Boot wird mein ursprünglicher Plan, die Wolga hinunterzufahren, zu teuer. Ich könnte mich einer Gruppe anschließen, aber das reizt mich nicht.

Vom Wasser komme ich auf die Berge zu sprechen, man fragt mich, ob ich Lust hätte, ins kaukasische Hochgebirge zu gehen, drei Wochen für höchstens 100 Rubel, Nahrungsmittel, Führer, Zug und Schiff inbegriffen.

Dieser Vorschlag weckt meine alte Liebe zu den Bergen. In diesem Moment erinnere ich mich auch wieder daran, daß mir der Schriftsteller Serge Tretiakoff einmal vom legendären Swanethien, einem von der Außenwelt völlig abgeschnittenen Tal, erzählt hat.

Ohne Zögern entschließe ich mich fürs Hochgebirge.

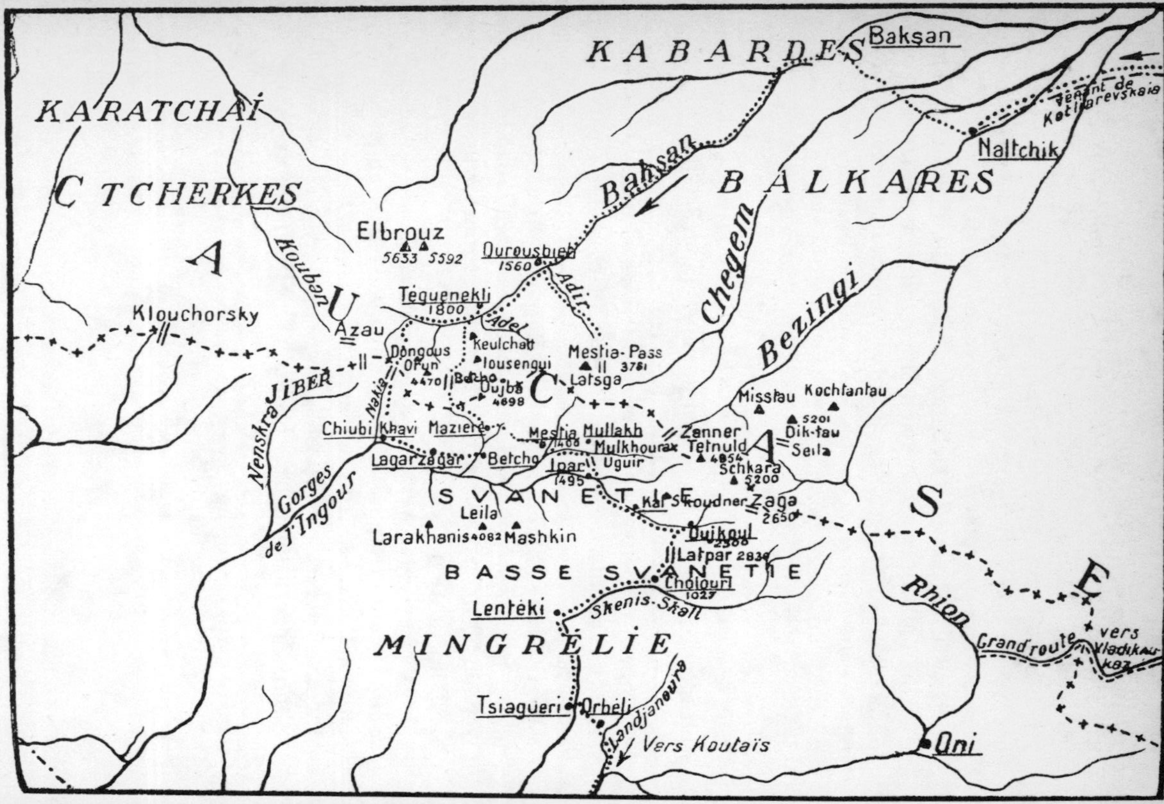
KARATCHAÏ
C TCHERKES
A
U
C
A
S
E
KABARDES
BALKARES
Baksan
Baksan
Naltchik
Venant de Kotliarevskaia
Chegem
Bezingi
Kouban
Elbrouz
5633 5592
Ourousbieh
1560
Adir
Teguenekli
1800
Adel
Klouchorsky
Azau
Dongous
Orun
4470
Keulchat
Iousengui
Betcho
Oujba
4698
Mestia-Pass
3781
Latsga
Misstau
Kochtantau
5201
Dik-tau
Seila
Zenner
Tetnuld
4854
Schkara
5200
Zaga
2650
JIBER
Nenskra
Nakra
Chiubi
Khavi
Maziere
Mestia
1408
Mullakh
Mulkhoura
Lagarzagar
Betcho
Ipar
1495
Uguir
SVANETIE
Kal
Skoudner
Leila
Larakhanis
4082
Mashkin
Oujkoul
Latpar
2834
Gorges de l'Ingour
BASSE SVANETIE
Cholouri
1027
Lenteki
Skenis-Skali
MINGRÉLIE
Tsiagueri
Orbeli
Landjanoura
Vers Koutaïs
Rhion
Grand'route
vers Vladikavkaz
Oni

Zweiter Teil

IM KAUKASUS

5

DEM EL'BRUS ENTGEGEN

Nun haben wir Moskau tatsächlich verlassen, in Richtung Kaukasus, Europas höchste Berge; neunundzwanzig verschiedene Rassen mit primitiven Sitten... Eine seltsame Republik dort oben, nach allen Seiten hin von Gletschern abgeschlossen, stolz darauf, als Jasons Kolchis besungen worden zu sein, bewohnt von den niemals unterworfenen Swanen, ein Land, wo jedes Haus ein Festungsturm ist, wo die Schweine eine Mähne haben, wo noch nie ein Rad über die Erde gerollt ist, wo auf 2300 Meter das höchste Dorf Europas liegt.

Laßt uns schnell die Gletscher, die bis zum Himmel reichen, überqueren, um in dieses einmalige Land zu kommen! Lassen wir unsere Träume Wirklichkeit werden!

Kann es denn sein, daß in der Sonne neben schmelzendem Schnee Enziane blühen, daß eine Frau ihre Herde hütet und dazu spinnt, während noch die Geräusche Moskaus in mir nachklingen: lärmende Straßenbahnen, überall Warteschlangen, Asphaltmaschinen, hämmernde Mechanik...

Unzählige Stunden Fahrt Richtung Süden. Wann werden die riesigen Ebenen einmal enden! Ein anderer Maßstab, Reich der grenzenlosen Weiten, Ozean der unendlichen Erde...

Noch ist es aber nicht soweit.

Bei unserer Abreise in Moskau läuft alles verkehrt. Statt mit dem vorgesehenen Schnellzug am Nachmittag haben wir Moskau erst am Abend mit einem anderen Zug verlassen. Wir hatten unsere Gruppenfahrkarte nicht rechtzeitig erhalten. Ich versuche mich zu trösten, indem ich diese Verzögerung als Teil des russischen Alltags betrachte. Schließlich habe ich ja »Intourist«, die kostspielige Reisegesellschaft für Ausländer, bewußt gemieden, um wie die Russen zu reisen. Dank der Gesellschaft für Proletarischen Tourismus wurde mein Wunsch erfüllt. Gleichzeitig komme ich so in den Genuß der

Vergünstigungen, die den Proletariern gewährt werden, obschon ich eine Tochter aus bürgerlichem Haus bin. Meine Fahrkarte »harter Klasse« von Moskau bis zum Kaukasus kostet mit Liegeplatz 11 Rubel 90, die Entfernung beträgt 2 000 Kilometer, das heißt etwa so weit wie von Rom nach Berlin.

Am frühen Nachmittag brachten wir unsere Rucksäcke zum Bahnhof. Auf dem Weg dorthin wollte ich unerlaubterweise vorne in die Straßenbahn einsteigen, denn meine Steigeisen, oben auf dem riesigen, für einen Monat gepackten Rucksack, bedeuteten im Gedränge zum Ausgang eine öffentliche Gefahr. Doch der Schaffner ließ sich auch durch meine heftigsten russischen Ausdrücke nicht überreden, und ich mußte hinten einsteigen. Angesichts der staunenden Blicke der Mitfahrenden glaubte ich schon, eine einmalige Attraktion zu sein, und hatte für die Menge nur noch einen mitleidigen Blick übrig, als direkt neben mir ein Eispickel auf der Plattform abgestellt wurde. Überrascht und enttäuscht mußte ich feststellen, daß ich nicht die einzige Alpinistin in Rußland bin!

Im Bahnhof stapelten wir unsere Rücksäcke in der Wartehalle auf. Meiner hat schon oft solche Augenblicke erlebt. Grenoble, Saint-Jean-de-Maurienne, Bern, Airolo... Dort gab es jeweils nur einen Stapel, vor dem die Schaulustigen stehenblieben. Doch gestern auf dem Bahnhof von Kazan glich alles einem einzigen großen Haufen: Koffer, Matratzen, Kisten, Bauernfamilien mit ihren Henkelkörben, Kleiderbündeln und Wasserkesseln, Frauen mit Kopftüchern und Männer mit der Kabardinka (Astrachanmütze).

Keine Gepäckaufbewahrungstelle der Welt hätte diesen Haufen von Gegenständen aufnehmen können. Jeder bewachte sein eigenes Gepäck. Wenn von Zeit zu Zeit ein Passant vor unseren Rucksäcken stehenblieb, so war es nur deshalb, weil er noch nie Steigeisen und Eispickel gesehen hatte.

Endlich sitzen wir im Zug. Aber als ob es nicht genügen würde, daß wir in einem Bummelzug reisen, hält uns auch noch ein Güterzug auf. Hitze, Staub im gleißenden Sonnenlicht, Hütten mit spitzen Strohdächern, Brunnen mit Holzschwengeln...

Der Zug hält neben einer 50 Meter breiten Piste, der Dorfstraße. Die Mehrzahl der Reisenden sind Matrosen und Soldaten, die von den Athletik-Wettbewerben aus Moskau zurückkehren. Ein Ball, ein Schiedsrichter – und die Straße verwandelt sich in ein Fußballfeld.

Da kann ich nicht nur zuschauen. Obwohl ich befürchte, ein bißchen komisch zu wirken, hält mich nichts mehr zurück. Bald trete ich den Ball in der ersten Linie. Ich denke nicht mehr daran, daß ich ein enges Kleid trage – ein zu weiter Schritt, und ich purzle kopfüber in den Staub, zum größten Vergnügen der jungen Männer auf dem Spielfeld.

Am Dorfbrunnen wasche ich das Kleid, das übrigens mein einziges ist. Dann ziehe ich meine Latzhose an. Hosen scheinen mir in den russischen Zügen, wo man meistens – oft auch im dritten Stock des Wagens – liegt, ohnehin angebrachter. Unsere beiden Abteile »harter Klasse« können in je sieben Liegeplätze verwandelt werden. Vornehmere Reisende mieten für zwei Rubel Matratze und Bettzeug. Wir wickeln uns lediglich in unsere Wolldecken ein. In der Nacht überwachen wir abwechslungsweise unsere Vorräte. Der Wagen ist bequem, breiter als unsere Eisenbahnwagen im Westen, in denen man sich immer eingeengt fühlt. Der Zug fährt langsam, etwa mit 50 Stundenkilometern, und dank der guten Federung rüttelt es sehr wenig, so daß man gut lesen und sogar schreiben kann.

Während dieser langen Stunden beobachte ich meine elf russischen Kameraden. Unter ihnen sind zwei blonde, junge Frauen: Vera mit den lachenden Augen, die ihren Haarknoten mit einem braunen Seidennetz zusammenhält, und Elena, eine große Frau mit einem wohlproportionierten Körper, kurzem, glattem Haar und einem bleichen Gesicht, in dem sich die Augenbrauen manchmal nervös zusammenziehen. Lächelnd lösen sie zwei Mal pro Tag unsere kulinarischen Probleme.

Unter uns herrscht ein demokratisches Prinzip. Pech für jene, die den farblosen Tee oder das Büchsenfleisch nicht mögen. Der Genosse mit dem Spitznamen Sowchose ist beauftragt einzukaufen. Er ist jung, groß und mager, hat schwarzes Haar und eine große Nase und fragt bei jeder sich bietenden Gelegenheit: »Was kostet das?« In einem Anflug von schlechter Laune – als der Schnellzug ohne uns in Kazan abfuhr – stellte ich fest, daß er große Plattfüße hat. Sowchose ist Radioübermittler, später möchte er sich auf Tonfilm spezialisieren.

Jascha mit dem Vollmondgesicht ist – wie auch der kleine Glas – Flugzeugmechaniker. Glas überwacht die ganze Gruppe mit Autorität. Als ich einmal in einem kleinen Bahnhof in Gedanken versunken den Rest einer Melonenscheibe fallen ließ, mahnte er mich streng zur Ordnung.

Der schweigsame Golutscheff, ein Büroangestellter, ist von peinlicher Ordnungsliebe und bringt das Kunststück fertig, immer eine fleckenlose Hose mit scharfer Bügelfalte zu tragen.

Gischtschenko, der farbenprächtige Ukrainer mit der Brille, der immer den Hanswurst spielt, Zaruba, der Weißrusse mit den blauen Augen, und der würdige Kulikoff sind alle drei in der Roten Armee, deren khakifarbenes Hemd sie auch tragen. Sie sind wie große Kinder.

Wir leben gesellig in den Tag hinein, diskutieren über das, was wir sehen, und über das, was wir unternehmen wollen. Mit Eifer lesen wir abwechselnd in einem Buch über Swanethien. Einige aus unserer Gruppe haben noch nie Berge gesehen.

Während der Zug an den Feldern vorbeigleitet, versuche ich, auf dem oberen Liegeplatz einzuschlafen. Meine Kameraden haben mit den Mitreisenden Bekanntschaft geschlossen und singen mehrstimmige Lieder, die mich ins unbekannte Reich der russischen Seele entführen. Aber bevor ich dazu komme, es näher zu erforschen, schlafe ich ein!

Als ich im Morgengrauen erwache, sehe ich immer noch nichts anderes als riesige Getreidefelder, das Leben und Blut der Sowjetunion.

Rostow. Alles aussteigen! Wir schultern unsere Rucksäcke und tragen Vorratspakete und -kisten auf den Bahnsteig, dann schlafen wir noch ein wenig auf den schwarz-weißen Steinplatten des Wartesaals.

Ein kurzer Besuch im schönen Stadtgarten. Große Tafeln mit den Statistiken der lokalen Wirtschaft säumen die Spazierwege. Vergnügen und Lernen gehören im modernen Rußland eng zusammen. Beim Spaziergang im Park wird man dazu angeregt, über den gesellschaftlichen Fortschritt nachzudenken.

Erneut das Leben im Zug. Ich habe Küchendienst und streiche 36 Butterbrote – drei für jeden –, dann muß ich im Kochkessel am nächsten Bahnhof Wasser für Tee holen, Zucker brechen, Konservenbüchsen öffnen und Sowchose bitten, eine Wassermelone zu kaufen.

Endlich, gegen Süden hin – nein, es ist keine Fata Morgana – beginnt sich das Land leicht zu wellen. Wir fahren nördlich an den

Thermalbädern von Kislovodsk und Pyatigorsk vorbei. Bevor wir die Basis (Touristenlager) von Nal'chik erreichen, müssen wir in Kotliarevsktia, wo wir in der Nacht ankommen, nochmals umsteigen. Die Einheimischen auf den Bahnsteigen tragen die Tscherkeska, eine Art Gehrock mit breiten Falten und enger Taille, über der Brust eine Patronentasche und am Gürtel einen Dolch, auf dem Kopf die Astrachanmütze oder den breiten, weißen Balkarenhut aus Ziegenfell.

Der Bahnhof ist überfüllt, und so verbringen wir die Nacht in unsere Wolldecken gewickelt draußen unter den Akazien. In der Morgenfrische begeben wir uns zum Bahnhofsbrunnen, wo wir unsere Toilette unter freiem Himmel machen. Ich bestaune den gebräunten Oberkörper des kleinen Glas, er ist ein guter Fußballer und berühmt dafür, einmal während eines ganzen Spiels mit zwei Verlängerungen im Mittelfeld durchgehalten zu haben. Sowchose hat eingefallene Schultern.

Wir stehen vor einem Ernährungsdrama. Die Biskuits, von denen wir leben wollten, wenn es kein Brot mehr gibt, haben einen bitteren Teergeschmack angenommen. Wir hatten sie zusammen mit dem neuen Gletscherseil eingepackt. Dieser Geruch erinnert mich unwillkürlich an das Leben an Bord, an die Taue, die Fischkörbe, an die gelehnt sich auf Deck so gut schlafen läßt..., plötzliche Sehnsucht nach allem, was fern von hier ist!

Seit drei Monaten hat es nicht mehr geregnet, aber das Land ist nicht so ausgetrocknet wie die Provence, sondern grün, voller Eichen und Sonnenblumen, an deren Kerne hier alle knabbern.

Letzte Etappe in der Bahn.

Eine Frau orientalischen Typs mit zwei Kindern steigt ins Abteil. Nachdem ich bisher von den blauen Augen der Russen geschwärmt habe, bin ich gefangengenommen von diesen schwarzen Augen unter den dichten Wimpern, in denen das Weiß wie glänzende Seide schimmert.

Alte Schützengräben, Stacheldrahtgestrüpp, Spuren aus dem Bürgerkrieg säumen die Bahnlinie. Denikin und die Kosaken haben hier gegen die Rote Armee gekämpft.

Das Wort Kosak bezeichnet nicht einen Völkerstamm, sondern stammt anscheinend vom Wort »kassaki« (reiten) ab und bezeichnet die Angehörigen der drei zaristischen Reiterheere. Als gute

Schützen wurden sie immer als erste vom Zaren belohnt und erhielten sie die besten Ländereien der eroberten Provinzen. Während der letzten Bürgerkriege hatten sie tapfer gekämpft, solange sie ihre eigenen Ländereien verteidigten oder zumindest die Hoffnung hegten, diese zurückzuerobern. Als aber diese Hoffnung immer geringer wurde, hatten sie der unbezwingbaren Begeisterung und Propaganda der Roten nichts mehr entgegenzuhalten.

* * *

Der Zug, in dem wir seit mehr als fünfzig Stunden gar nicht mal so unbequem auf drei Kubikmetern leben, fährt nur bis Nal'chik, der Endstation einer Seitenlinie. Das nächste Mal, wenn wir wieder eine Eisenbahn sehen, werden wir die Kette des Kaukasus von Norden nach Süden durchquert, 3500 Kilometer Höhendifferenz erklommen und 350 Kilometer zu Fuß in unterschiedlichstem Gelände zurückgelegt haben.

Vor dem sauberen, weißen und mit Palmen geschmückten Bahnhof liegt als letzter Ausläufer der Steppe ein großer, kahler Platz. Der Rucksack ist schwer, die Sonne heiß. Instinktiv geht man mit seinen Bewegungen und Worten sparsam um. Unser Expeditionsleiter Lubimow, der bereits vor uns hier angekommen ist, erläutert unsere Pläne.

Lubimow muß schon über fünfzig sein, er ist Sportlehrer in der Armee. Er ist sehr liebenswürdig, fast zu gutmütig, und spricht langsam. Seine kurzsichtigen Augen sind hinter den dicken Gläsern seines Zwickers kaum sichtbar.

Wir gehen eine menschenleere, mit Akazien bepflanzte Straße entlang. Große, runde Pflastersteine und niedrige, helle Häuser.

Wir machen vor einer Mauer halt. An der Türe ein Schild mit der Aufschrift: »Basis der Gesellschaft für Proletarischen Tourismus.« Ein Hof mit einem einstöckigen Haus, weiter hinten Zelte in einem Gemüsegarten. Einige städtisch gekleidete Touristen inmitten der Bergsteiger, die von Kopf bis Fuß für den Nahkampf mit Eis- und Felskolossen ausgerüstet sind.

Wolken verdecken die hohen Berge im Süden, doch der Anblick von schweren Tricunis-Nagelschuhen, von verwitterten Windjakken, von sonnenverbrannten Gesichtern und Nasen, auf denen sich eine rosige neue Haut zu bilden beginnt, ist genauso aufregend.

Obwohl ich an solche Ausrüstung gewohnt bin, beeindrucken mich die riesigen Schuhe. Ich selber habe keine und werde dort oben auf meine in Moskau ausgeliehenen Stiefel angewiesen sein. Alles in allem ist diese Aufmachung fehl am Platz, noch sind wir weit von den Bergen entfernt…

Vor dem Haus steht ein Tisch mit Wassermelonen-Schalen. Daneben sitzen einige Einheimische im Schatten ihrer breiten, gewellten Hüte. Weiter hinten steht der mit siedendem Wasser gefüllte, traditionelle Kipetok, ein Kessel auf drei Steinen, zwischen denen immer ein Feuer brennt.

Wir beziehen Quartier, die Männer in einem der großen Zelte mit zwanzig Feldbetten, wir drei in dem für die Frauen reservierten Zimmer. Wir müssen noch etwas Geduld haben, bis wir zu den Bergen kommen. Lubimow hat keinen Bus auftreiben können, der uns die 140 Kilometer nach Südwesten an den Fuß des 5633 Meter hohen El'brus gebracht hätte. Deshalb nehmen wir Lineiki (Zweiradwagen). Doch müssen diese einen Tag im voraus bestellt werden, und Lubimow wußte nicht genau, wann wir ankommen würden. Trotz der Verzögerung sind alle zufrieden. Es ist schönes Wetter, und vor uns liegt ein Fluß. Doch bevor wir ihn erkunden, wollen wir essen. Sowchose hat zwei Wassermelonen gekauft, und wir gehen auf die Suche nach einem Restaurant.

Ein scharfer Kontrast. Plötzlich befinden wir uns in einer modernen Straße mit einigen vierstöckigen Häusern, einer Apotheke und schließlich einem Restaurant, das den Vergleich mit der Hauptstadt keineswegs scheuen muß, im Gegenteil. Für 60 Kopeken serviert man uns einen großen Teller Kohlsuppe (was wäre Rußland ohne Kohl?) und ein Stück Rindfleisch mit Gerste.

Nach dem Essen gehen wir spazieren. Dabei kommen wir an einem öffentlichen Park und an großen, neuen Gebäuden vorbei, die in diesem Nal'chik, das man auf den ersten Blick für ein armseliges Dorf hält, überraschen. Durch Gebüsch und Findlinge gehen wir flußaufwärts zum Schwimmbad. Die Bäder für Männer und Frauen sind getrennt. Hier befindet sich das schönste Schwimmbecken, das man sich überhaupt unter freiem Himmel vorstellen kann, bis an den Rand gefüllt mit grünem Wasser, dessen Kälte die Haut krebsrot werden läßt.

Ich lerne eine elegante junge Frau kennen. Da sie nackt ist und keine Kleider trägt, muß ich ihre Herkunft nach der Form ihrer

Augenbrauen beurteilen. Sie stammt aus Vladikavkaz. Wir unterhalten uns auf französisch, und sie beantwortet meine Fragen über das autonome Gebiet der Kabarden-Balkaren, dessen Hauptstadt Nal'chik ist.

Ungefähr 200000 Einwohner, ehemalige Untertanen von unabhängigen Adligen haben sich hier zusammengefunden und organisiert. Früher hatten sich die balkarischen Stämme kaukasischer Rasse auf der Flucht vor asiatischen Übergriffen jeweils in die Hochtäler zurückgezogen.

Während ich meinerseits meiner Gesprächspartnerin bestätigen muß, daß man bei uns tatsächlich bodenlange Abendkleider trägt, erfahre ich, daß Nal'chik noch vor zehn Jahren ein Dorf war. Aber das Land entwickelt sich in rasantem Tempo. Vor zehn Jahren verstanden zwei Promille der mehrheitlich muselmanischen Bevölkerung die arabischen Schriftzeichen nicht. Um den Analphabetismus zu bekämpfen, wurde ein Schulwesen in balkarischer und kabardischer Sprache geschaffen. Heute, 1930, erscheinen Zeitungen in drei Sprachen – in Russisch, Kabardisch und Balkarisch – und fünf Prozent der Einwohner können lesen. Inzwischen gehen Studenten aus Nal'chik nicht nur an die örtlichen landwirtschaftlichen, hydraulischen und pädagogischen Hochschulen, sondern auch an die Universitäten der großen Städte.

Vor dem Schwimmbad warten unsere Genossen auf uns, und wir kehren in die Stadt zurück. In der Zwischenzeit ist eine Expedition in die Basis zurückgekehrt. Mit Rucksäcken beladene Maultiere, Männer mit Zwei-Wochen-Bärten und eine junge Frau mit verbrannter Haut kommen vom Tetnuld zurück, einem 4750 Meter hohen Berg im Süden, an der Grenze zu Georgien.

»Wir haben sechs Tage gebraucht für den Aufstieg. Das Wetter war sehr schlecht und der Gletscher schwierig, einmal gerieten wir auch in einen Schneesturm, und an diesem Tag kamen wir nur 200 Meter vorwärts!« erklärte die junge Frau. Sie hat den klaren, ruhigen Blick der Bergsteiger. Während sie in ihren Schlafsack schlüpft, den kleinen Eispickel am Fußende, denke ich an die Alpinistinnen bei uns, und ich frage mich, was sie wohl in diesem Land tun würden, wo man auf 3000 und 4000 Metern Höhe im Zelt übernachten muß.

Im Schlafsaal mache ich die Bekanntschaft einer jungen Ärztin, Rita Rees. Eigenartiger Zufall: Sie war es, die Luc Durtain als Führerin diente, als er die medizinischen Einrichtungen Leningrads besichtigte.

Rita Rees nimmt an der wissenschaftlichen Expedition Klementieff teil. Sie setzt sich aus 40 Personen zusammen, Botanikern, Touristen, Journalisten und hauptsächlich Medizinern. Sie wollen die Reaktionen studieren, die die Höhe bei nichttrainierten Organismen, die nie aus dem Flachland herausgekommen sind, bewirkt. Sie wollen auch nach Georgien, aber übers Terek-Tal, weiter östlich als wir. Die 50 Pferde, die sie bei sich führen, werden sie beim Aufstieg auf den Kochtan-Tau (5 100 m) die Felswand hinaufziehen müssen.

Um halb fünf werden wir in aller Hast geweckt. Wir brechen so rasch wie möglich auf. Die gemeinsame Waschanlage befindet sich unter einem großen Baum vor den Zelten. Fließendes Wasser gibt es im Haus natürlich nicht. Ich nenne die Art Waschbecken, auf die wir bei all unseren Zwischenhalten immer wieder treffen, Tropfen-Waschbecken. Es besteht aus einem langen, mannshohen Zinkbehälter und einer weiter unten parallel dazu verlaufenden, leicht geneigten Ablaufrinne, die sich in den Garten entleert. Der Behälter ist an der Unterseite in regelmäßigen Abständen mit Löchern versehen, die mit einem Messingzapfen zugestopft sind. Um Wasser zu erhalten, drückt man von unten auf den heraushängenden Zapfenteil. Der Zapfen lockert sich, und das Wasser tropft in die Waschrinne.

Alle kommen hinzu, die Männer mit nacktem Oberkörper oder bekleidet mit dem Gesundheits-Netzleibchen, der Standard-Unterwäsche in der Sowjetunion, die Frauen in leichten Sportunterhemden, hängen ihr Handtuch an einen Ast und stellen ihre Toilettenartikel auf den Zinkbehälter. Nach kurzer Zeit schon kennt man von jedem Zahnpasta und Seife, diese russische Seife, deren Geruch an die Süßigkeiten des Mosselprom (Konfiserieverband) erinnert.

Es können sich nur jeweils sechs Leute gleichzeitig waschen. Während man darauf wartet, an die Reihe zu kommen, versucht man herauszufinden, welches Tropfloch am meisten hergibt. Mit ein bißchen Übung kann man sich an dieser Einrichtung durchaus anständig waschen. Für die Zähne gibt es, als Höhepunkt des Komforts, heißes Wasser aus dem Kipetok.

Unsere drei Wagen, einfache, auf Federn gesetzte Plattformen mit Trittbrettern, fahren vor. Der Hafersack für die Pferde dient dem Wagenführer als Sitzbank. Hinten sind unsere Rucksäcke und Vorratskisten befestigt. Die vier Fahrgäste sitzen je zu zweit Rücken an Rücken, die Füße auf den Trittbrettern, und stützen sich mit dem Arm auf Hafersäcke oder Kisten.

Kaum haben wir auf diesem Gespann Platz genommen, als schon eine heftige Diskussion zwischen den drei Wagenführern und dem Sowjet unserer Expedition ausbricht. Die Einheimischen wollen nicht losfahren, sie behaupten, daß wir für den vereinbarten Preis zuviel Gepäck haben. Lubimow wird wütend. Der kleine Glas und der große Sowchose versuchen, sich zu beherrschen, und erklären ihnen:

»Eure Feilscherei ist unbegründet. Jeder, der zu den Kaukasuspässen fährt, hat Vorräte für zehn bis vierzehn Tage bei sich, wir sind keine Ausnahme. Jeder unserer Säcke wiegt 12 bis 14 Kilo, und in den Kisten haben wir unsere Vorräte an Brotfladen, Zucker und Konserven.«

Die Diskussion verläuft nach klassischem Muster, man fühlt sich sofort im Orient, wo man ohne Geduld nicht weit kommt. Schließlich beugen sich die Wagenführer unseren Argumenten, wir bezahlen wie abgemacht 17 Rubel pro Person für die 140 Kilometer, die wir zurücklegen müssen, um nach zwei Tagen Tegenekli auf 1800 Metern Höhe zu erreichen.

Es ist schon sieben Uhr, und wir haben noch nichts gegessen, da wir immer glaubten, jeden Moment abzufahren. Nun möchte ich doch endlich etwas zwischen die Zähne, und ich schneide mir eine dicke Scheibe vom Kommunenbrot ab, bevor ich auf meinen Wagen springe.

6

IN BALKARIEN

Wir verlassen die Stadt und ihren Markt. Die langsame Gangart der Pferde läßt es zu, daß man von Zeit zu Zeit abspringt, unterwegs einige Äpfel kauft und die Karawane wieder einholt. Wir fahren in nordwestlicher Richtung, parallel zur Kette des Kaukasus. Unser Ziel ist Baksan, von dort aus werden wir dann endgültig in Richtung Berge fahren.

Ich bin beeindruckt von der Schönheit dieses großartigen Morgens. Zur Linken verdecken schwarze Wolken die Gebirgskette, vor uns brechen die Hügel am Rande der Ebene wie Steilküsten über einem dunklen Meer abrupt ab. Gegen Nal'chik zu erhebt sich ein weißer Silo, groß wie ein Leuchtturm. Die Straße ist breit und offen. Zu unserer Linken öffnet sich das Chegem-Tal, es führt zum Tviber-Pass (3600 m), einem stark begangenen Übergang – 500 Touristen im letzten Sommer. Der Paß jedoch, den wir auf 3780 Metern Höhe überqueren wollen, wurde letztes Jahr nur von einer einzigen Bergsteigergruppe begangen.

Der Staub, der von den Pferden aufgewirbelt wird, ist nicht zum Aushalten. Man kann ihm nur ausweichen, indem man absteigt und vor den Pferden geht. Lubimow geht schon im Laufschritt, er trainiert für die bevorstehenden Märsche.

Wir erreichen Baksan, ein Dorf mit weit verstreut liegenden Häusern aus Strohlehm und mit Ziegeldächern. Die Höfe sind sauber und von Mauern umgeben, es scheint ein wohlhabendes Dorf zu sein. Auf dem langen Dorfplatz wird Markt abgehalten, vor der Kooperative steht eine Schlange. Einige Einheimische plaudern neben ihren ausgespannten Bauernwagen. Sie sehen prächtig aus in ihrer Tscherkeska unter der Burka, einem schwarzen Umhang aus Ziegenfell. Die Burka dient dem Kaukasier aus den Bergen gleichzeitig als Mantel, als Bett und als Zelt. Sie verleiht ihm eine riesige, würdevolle Gestalt.

Wir verzichten auf die Melonen und Tomaten, die auf dem Markt angeboten werden, sie sind teurer als in Moskau. Statt dessen essen wir in einem Restaurant große Käsekuchen. Wie immer bezahlen wir aus der Gemeinschaftskasse.

Endlich steigt die Straße gegen Südwesten hin in Richtung El'brus an. In der sandfarbenen Ebene werden die Umrisse eines Zeltlagers sichtbar. Zu beiden Seiten der Straße breiten sich gelbbraune, nackte Hügel wie Falten in der Steppe aus.

Einige Reiter galoppieren der Stadt zu. Es ist Freitag, Ruhetag für die Muselmanen, morgen für die Juden und übermorgen für die Russen.

Am Rande der Straße liegt ein muselmanischer Friedhof. Wenn auf dem Grabstein ein roter Stern eingehauen ist, weiß man, daß der Tote ein Kommunist war. Ich habe vier solcher Grabsteine gezählt. Vom Grab des hiesigen Grafen ist nur eine niedrige Steinmauer übriggeblieben. In der Nähe steht ein schmaler, weißer Turm mit einem Halbmond auf der Spitze: ein Minarett. Die Hügel wachsen an, werden zu Bergen mit grasbewachsenen Abhängen. Einsam steht am Straßenrand ein Briefkasten. Wozu der wohl dient? Nicht weit von hier befindet sich ein Lager mit 2000 Arbeitern, die ein Kraftwerk bauen. Sie verstehen nur Balkarisch, und die russischen Ingenieure, die sie anleiten, haben keine leichte Aufgabe.

Was für ein gewaltiges Unterfangen, einen völlig ungebildeten Bauernstaat zu sowjetisieren!

Vor ein paar Monaten waren einige Bewohner der abgelegenen Bergdörfer noch davon überzeugt, daß der Zar seinen Thron wieder bestiegen habe und die Türken in Batum gelandet seien, um die Kommunisten aus dem Land zu jagen. Anscheinend sind es die Kulaken, eine kleine Gruppe von Landbesitzern, die unter dem neuen Regime nichts zu gewinnen haben und deshalb mit solchen Gerüchten Verwirrung stiften.

Die neuen Anführer kommen aus den Reihen der Kommunisten. Bis vor wenigen Jahren selbst noch arm und ungebildet, müssen sie nun, sozusagen von einem Tag auf den andern, ihrer Aufgabe gewachsen sein. Wenn sie Fehler begehen, werden sie vom lokalen Sowjet abgesetzt. Die in den Bergen lebenden Balkaren beobachten die Kommunisten im Flachland mit Mißtrauen. Sie stellen fest, daß deren Politik weniger von dem einen oder anderen Machthaber, sondern vielmehr von sehr strengen Prinzipien geleitet wird. Offenbar ist es die Prinzipientreue, die der Kommunistischen Partei Sympathie und neue Mitglieder einbringt.

Sowchose untersucht meinen Fotoapparat von allen Seiten. Dann wieder will er mich als wandelndes deutsches Wörterbuch benutzen, doch dazu habe ich keine Lust. Ich weiche ihm aus, indem ich auf den ersten Lineiki steige. Ein junger Balkare mit breitem Hut lenkt den Wagen. Er singt auf einheimische Art, das heißt mit schreiender, sehr lauter Stimme, eher ein ständig sich wiederholender Ruf als ein Gesang. Er hat es auf mein Messer mit den vielen Klingen abgesehen und versucht, mich mit allen möglichen Argumenten dazu zu bewegen, es ihm zu verkaufen. Und zu meiner Uhr sagt er mit einem charmanten Lächeln:

»Natürlich wirst du sie mir geben! Bei dir zu Hause kannst du so viele kaufen wie du willst, aber ich finde hier keine…«

Seine weiteren Argumente entgehen mir. Ich bin völlig gefangengenommen von den prächtigen Weideländern, die im Winter unvergleichliche Langlaufpisten abgeben müßten. Aber wird in Balkarien überhaupt Ski gelaufen?

Das Tal verengt sich. Wir kommen zu einem Kollektivbauernhof. Alle steigen aus. Vor dem Hof steht ein riesiger Stier, der jeden, der sich ihm nähern will, in die Flucht schlägt. Er ist gewaltig, ein brüllender Koloß mit Schultern wie ein Gebirge. Jeder Zentimeter dieses Riesen ist von einer solchen Kraft erfüllt, daß ich unwillkürlich daran denke, wie oft dem Stier ein Kult geweiht wird – bei den Assyrern, Ägyptern, Kretern und selbst heute noch in der Stierkampftradition.

Am Ende der Talverengung wird die Natur plötzlich sehr grün, dichtes Gebüsch auf einem von weißen Felsbändern durchzogenen Abhang. Bei einbrechender Nacht errichten wir unser Lager am Ufer des grauen Flusses. Die drei Zelte werden aufgebaut, und das Feuer beginnt zu prasseln. Zwei Töpfe mit Makkaroni und zwei mit schwarzem Getreide sorgen für unsere Sättigung. Nach dem Essen diskutiere ich ein wenig mit Glas. Sein Blick unter den geraden Augenbrauen wirkt entschlossen. Obwohl noch jung, ist er schon Familienvater und sich seiner Verantwortung bewußt.

Neben dem Feuer schlafen die drei Balkaren in ihrer steifen Burka. Bleierner Schlaf. Aufbruch in der Morgenfrühe. Bis zur Basis von Tegenekli haben wir eine Etappe von ungefähr 70 Kilometern zurückzulegen. Als Training machen wir einen Lauf. Jascha mit dem

Heuernte in Ushkul, Europas höchstgelegenem Dorf (2300 m).

Das erste Rad in Lentekhi

Im Karren das Baksan-Tal hinauf.

Zwei Balkaren mit ihrer Burka.

Zwei verschiedene Arten, der Hitze zu begegnen: halbnackt oder in der dicken Burka.

Marktplatz in Rostov am Don.

Eine Gruppe Usbeken.

Usbeken bei der Musikolympiade, 1930.

runden Gesicht und mit einem weißen, wabbeligen Körper hat Schwierigkeiten, das Tempo von Glas mitzuhalten. Aber er ist ein perfekter Reisegefährte: ruhig, hilfsbereit und immer zufrieden.

An den Berghängen sieht man kein einziges Haus. Welch ein Unterschied zur Schweiz! Trotzdem ist das Heu überall geschnitten, und auf den weiten Abhängen stehen große Fuder.

Als ich mich zum Schutz gegen die immer stechender brennende Sonne etwas pudere, untersucht der Wagenführer meine Puderdose. Mühelos liest er mit lauter Stimme:

»D'Orsay, Paris.«

Vor Staunen bringe ich den Mund nicht mehr zu. Dieser Bursche kann lesen, und sogar lateinische Buchstaben?

»Ja«, sagt er, »ich gehe zur Schule, da lerne ich meine Muttersprache. Russisch spreche ich jedoch schlecht.«

Hat er vielleicht gar nicht gemerkt, daß ich es noch weniger gut kann als er? Seine Muttersprache Balkarisch wurde bisher gar nicht geschrieben, nun setzt man sie in Schrift um und verwendet dazu das lateinische Alphabet.

Links taucht Bylym auf, das erste Dorf im Tal, das sonderbarerweise auf dem Abhang eines Auswurfkegels gebaut wurde. Grau wie der Berg, scheint es sich durch Anpassung tarnen zu wollen. Nur dank der Rauchschwaden, die aus den weißen, wie kretische Wasserkrüge geformten Kaminen aufsteigen, wird man überhaupt darauf aufmerksam, daß hier ein Dorf steht. Terrassen, die gleichzeitig als Dächer für die unteren Häuser dienen, bilden regelmäßige, waagrechte Linien. Als einzige Senkrechte steht am Fuß des Dorfes eine schwächliche Pappel. Unter den niedrigen Zwergzypressen wachsen kleine, blaue Enziane. Stieglitze sitzen auf den vornübergeneigten Disteln, ohne sich von den Vorbeigehenden aufscheuchen zu lassen. Murmeltiere betrachten neugierig die Welt.

Wir begegnen drei mageren Frauen, die unter den langen Kleidern Pluderhosen tragen. Ein Balkare galoppiert in seiner steifen Burka auf uns zu. Ich muß ihn unbedingt zusammen mit Glas, der wie immer, sobald die Sonne höher steigt, alles bis auf die Badehose ausgezogen hat, fotografieren. Was für ein Unterschied! Der eine schützt sich vor der Sonne durch dicke Kleider, der andere durch Nudismus. Melnikoff, der leidenschaftliche Fotograf, ist mir zuvorgekommen. Sobald es etwas Interessantes zu sehen gibt, befinden wir uns unweigerlich an der gleichen Stelle, das Auge am Sucher. Der Balkare fügt sich belustigt unsern Anweisungen:

»Nach vorne... nach rechts... näherkommen!«

Er möchte sofort ein Foto von sich haben! Mit viel Mühe versuchen wir, ihm klarzumachen, daß wir ihm später eines schicken werden, falls er uns seine Adresse gibt. Er versteht sehr wenig Russisch.

Lange Zeit reitet er neben uns her. Er ist stolz auf das glänzende Fell seines Rassetieres und fordert mich auf, in den Sattel zu steigen, während er selbst auf der Kruppe sitzenbleibt. Ich nehme an, trotz Gischtschenkos Warnung:

»Ella, er wird dich entführen! Räubergeschichten beginnen immer auf diese Art!«

Dieses Baksantal will nicht aufhören. Am Anfang vergleichbar mit einem Cañon, hat es nun alpinen Charakter mit schneebedeckten Gipfeln zu beiden Seiten angenommen. Die Berge sind selten ohne Wolken. Die trockenen Nordwinde, die über den schwarzen Steppen brennend heiß werden, stoßen über den Kämmen auf die von den südlichen Meeren herwehenden feuchten Winde. So bilden sich ständig Wolken, die seit je die Bergsteiger in diesem Gebiet stark behindern.

Die Straße macht einen Bogen, dahinter tauchen unvermutet drei alte Häuser mit Mauern aus übereinandergeschichteten Steinen und mit von jahrhundertealter Vegetation überwucherten Dächern auf. Davor sitzt ein Greis mit einer Papakha (Schaffellmütze) auf dem Kopf und fixiert mich. Während auch ich ihn anstarre, tauchen Kinder auf, junge Mädchen mit feinen, scharf gezeichneten Gesichtern und junge Männer mit der Tscherkeska. Sie kommen auf mich zu, mustern mich und grüßen mich dann. Daß ich wie sie barfuß gehe, bringt sie zum Lachen. Wo waren sie vorher, und was machen sie am hellichten Tag in ihren Höhlen?

Eine alte Frau lehnt am Pfeiler des Vordaches und spinnt, ohne den Blick zu heben. Neben ihr betätigt ihre Tochter den Fußhebel eines Webstuhls.

Die anderen sind schon weitergegangen, und ich muß mehrere Kilometer rennen, um unseren letzten Wagen einzuholen. Völlig außer Atem sinke ich auf den Platz, den Glas mir überläßt.

Kartoffeläcker und Sonnenblumenfelder tauchen auf. Und endlich, auf der andern Talseite, die Häuser von Urusbieh. Ganz in unserer Nähe hat der Adir einen tiefen Einschnitt in den Berg gegraben. Wir werden seinem Lauf bis zum Mestiya-Paß folgen und dann nach Swanethien hinuntersteigen. Dort oben auf dem Paß werden wir irgenwo am Rande des Gletschers übernachten müssen. Wenn wir unsere Marschroute erwähnen, bezeugen uns die Einheimischen unverhohlene Hochachtung!

Lubimow versucht, für übermorgen einen Führer zu bestellen. In der Zwischenzeit organisieren wir auf der Straße einen Weitsprung-Wettbewerb. Die Dorfbewohner führen ihre Kälber an uns vorbei und schauen uns belustigt zu. Zwei Frauen schenken uns kleine, steinharte Aprikosen. Wir nehmen die letzten 15 Kilometer der Etappe in Angriff. Eine Öffnung im Berg gibt den Blick frei auf einen grünlichen Gletscher. Melnikoff kann kaum glauben, daß er tatsächlich Schnee sieht! Eine gewaltige Lawine aus Steinen, Erde und Bäumen ist in die Schlucht niedergestürzt, der ganze Talboden ist übersät. Auch die Straße, die wir benützen, hat gelitten.

Der Wagen rüttelt in der Abenddämmerung dahin. An den Abhängen hallen die fremdartigen Gesänge unserer Wagenführer wider. Es ist Nacht geworden. Es riecht nach Föhren. Endlich haben wir den Bergwald erreicht, dunkle Flecken lassen die Bäume erahnen. Unter uns tost der Wildbach. Dann kommen wir zu einem Bauernhof. Wir sind bei der Basis von Tegenekli angelangt.

Im Gemeinschaftsraum warten eine Nudelsuppe und ein Stück Rindfleisch mit Kacha auf uns. Wir machen Pläne für den nächsten Tag. Wir möchten den El'brus aus der Nähe sehen. Mehrere Tage aufzuwenden, um ihn zu besteigen, kommt nicht in Frage, unser Ziel ist der Süden, und wir wollen lieber so viele verschiedene Landschaften wie möglich sehen. Aber wir könnten zum Belvédère (Krugosor) an den Hängen des El'brus hinauf oder auch den Keulchatt (3200 m) besteigen. Er bildet eine freistehende Pyramide, von der aus man eine sehr schöne Aussicht auf die Kaukasuskette hat. Diesem zweiten Vorschlag stimmen alle zu.

Am Nachbartisch sitzen einige Swanen. Sie sind aus dem Süden, dem Freien Swanethien, über den Dongus-Orun-Paß gekommen. Ihre stolze Haltung gefällt mir. Sie tragen kleine, kegelförmige Hüte, die ihnen bald in den Nacken, bald auf die Nase fallen.

Der Swane Abramm trägt einen beeindruckenden Patronengürtel. Er hat wachsame braune Augen, die einen fesseln, und einen kleinen, struppigen Schnurrbart. Sein Freund ist sehr groß, mit hellen, weit auseinanderstehenden Augen. Seine geschwungenen Lippen deuten ein ruhiges Lächeln an.

An der Wand hängt eine Karte des Zentralmassivs. Sie stammt von Freshfield, der 1868 zusammen mit dem Führer Devissaud aus Chamonix die ganze Kaukasus-Kette überquert und als erster den Gipfel des El'brus bestiegen hat. Im Schlafsaal herrscht empfindliche Kälte, die Fensterscheiben sind zerbrochen. Mehrmals erwache ich, um meine erstarrten Füße zu reiben. Mit Erleichterung höre ich die morgendlichen Geräusche im Stall unter uns. Im Flur findet die morgendliche Zeremonie am Tropfen-Waschbecken statt.

* * *

Der Berg ist steil. Da es keinen richtigen Weg gibt, muß sich jeder seinen eigenen bahnen und versuchen, auf seine Art die Schwierigkeiten zu überwinden. Zuerst durch den Wald, zwischen Erdbeer- und Himbeergestrüpp von Baum zu Baum, dann in einem ausgetrockneten Bachbett von Stein zu Stein springend, gelangen wir schließlich an eine Stelle mit einer Art Alpenrosen zwischen den Steinblöcken. Seit drei Stunden klettern wir beinahe senkrecht aufwärts, die drei Häuser am Fuß des Berges sind mikroskopisch klein geworden. Im Hintergrund sieht man ein gleichmäßiges Stück Weiß, ein Teil des El'brus.

Zum ersten Mal trage ich die geliehenen Stiefel, doch bevor ich eine riesige Geröllhalde begehe, ziehe ich wieder meine Stoffschuhe an. Nicht weit von mir entfernt hat sich ein Stein gelöst, und ein Tier ist auf den Fels herabgesprungen, wahrscheinlich eine Gemse. Entweder hat sie mich nicht gewittert, oder aber sie ist so wenig scheu wie die Murmeltiere hier. Lautlos und vorsichtig gehe ich mit dem Fotoapparat in der Hand auf den betreffenden Felsen zu, und was sehe ich?... Eine rothaarige Ziege, die beim Geräusch des Abdrückens die Flucht ergreift!

Wir kommen auf eine Weide mit kurzgeschnittenem Gras. Der Gipfel, eine über einen Kamm zu erreichende Felsfestung, scheint nahe; nur noch eine kurze Anstrengung. Niemand kommt hinter mir, um so besser, so kann ich allein den Gipfel erobern, allein das neue Panorama genießen.

Ein steiler Kamin mit von Schmelzwasser durchnäßter, schmieriger Erde. Ja, hie und da liegt noch Schnee. Ich nehme eine Handvoll in den Mund, als ob ich meine Freundschaft mit den kaukasischen Alpen damit besiegeln wollte. Plötzlich spüre ich den harten Granit unter den Füßen, ich bin auf dem Gipfel angelangt: Freude, Sieg!

Dann entdecke ich, daß es noch einen zweiten Gipfel gibt. Wahrscheinlich ist das der richtige. Doch für heute genügen fünf Stunden Aufstieg. Mit rasender Geschwindigkeit rutsche ich hinunter und bremse mit den Handflächen, um meine einzige Hose zu schonen. Doch meine Haut ist diese Art von Sport nicht gewohnt. Sie streikt auf ihre Art, indem sie ganz einfach an den Unebenheiten des hinterhältigen Kamins hängenbleibt. Die andern erwarten mich auf der Weide. Ein großer Swane in schwarzem Hemd, Sylvester Naveriani, ist zu uns gestoßen. Er ist Präsident des Sowjets von Mestiya. Serge Tretiakoff hatte ihn schon in Moskau in den höchsten Tönen gelobt.

Naveriani wird mit Lubimow, Vera und mir den Mestiya überqueren. Unsere weniger gut trainierten Kameraden gehen mit einem Pferd für die Vorräte über den leichteren Dongus Orun. In vier Tagen werden wir uns wieder in Swanethien treffen.

Wie auf einer Rutschbahn gleiten wir zwischen den abgestorbenen Stämmen eines feuchten Unterholzes voll Farn und Riesenenzianen hindurch das Geröll hinab. Wir suchen nach Löchern, in denen die Vegetation ein bißchen weniger dicht ist, und lassen uns gewissermaßen hineinfallen. Um zu bremsen, halten wir uns an den Ästen fest. Endlich erreichen wir den Talboden. Im strömenden Regen seife ich mich ein und tauche dann in das vor Kälte brennende Flußwasser. Es kommt vom nahe gelegenen Azau-Gletscher.

* * *

Am Abend herrscht ausgelassene Heiterkeit. Wawiloff, der Verantwortliche der Basis Nal'chik, erzählt Geschichten aus der Region. Er wollte nach Swanethien, um gegen die dort offenbar herrschende Hungersnot zu kämpfen, doch unterwegs hat er Naveriani getroffen, der ihm alle gewünschten Einzelheiten berichtete und ihn so von diesem Vorhaben abbrachte. Wawiloff ist groß und schlank. Sein langes, hageres Gesicht mit den ausdruckslosen Augen und den unbeweglichen Zügen ist das eines erstklassigen Schalks. Maß muß ihn gehört haben, wie er die Bauern nachahmt, die das Radio immer noch mit einem Plattenspieler verwechseln!

So müssen auch die Vorstellungen des Wandertheaters ziemlich einmalig sein. Zuerst helfen alle mit, die Bühne und die Zuschauerbänke aufzubauen. In der ersten Reihe sitzen die Kinder, die Eltern nehmen weiter hinten Platz. Dann beginnt die Vorstellung. Man spielt eine balkarische Version von Molières *Arzt wider Willen*, ein mitreißender Erfolg. Wenn ein Kind zu weinen beginnt oder sonstwie die Vorstellung stört, ruft der Vater seinen Sprößling über die Köpfe der Zuschauer hinweg mit einer langen, biegsamen Gerte zur Ordnung.

Die Vorstellung ist längst beendet, und immer noch erschallt Gelächter. Der Vizepräsident des örtlichen Sowjets versucht vergeblich, das Wort zu ergreifen. Ein Schauspieler kommt auf die Bühne zurück und gebietet den unverbesserlichen Lachern unter Drohungen Schweigen (Wawiloff ahmt den gutmütigen Ton des Schauspielers nach)... Der Vizepräsident erhebt sich, doch er wird selber von einem so herzlichen Lachen geschüttelt, daß er für diesen Tag auf seine Rede verzichten muß. Hat sich Molière je ein solches Publikum träumen lassen?

Auch dramatische Szenen im Theater können dieses unverdorbene Publikum sehr beeindrucken. In einem Nachbardorf wurde ein modernes Schauspiel aufgeführt. Am Ende des zweiten Aktes geschah ein Mord. Daraufhin erhoben sich mehrere Bauern, um miteinander zu diskutieren, und in der Pause verlangten sie, den Direktor zu sprechen.

»Wie können Sie ein solches Verbrechen zulassen?« fragten sie ihn, »und weshalb?«

»Aber der Mann ist doch nicht tot«, antwortete der Direktor, »hier steht der Schauspieler, der diese Rolle gespielt hat. Im übrigen müssen Sie sich nur noch ein wenig gedulden, im dritten Akt erscheint die Rote Armee und bringt alles in Ordnung!«

Die Bauern waren begeistert über den glücklichen Ausgang der Ereignisse.

Auch das Kino hält hier Einzug. Am übernächsten Abend sitzen wir unter freiem Himmel unter etwa hundert Bauern. Ein Wanderkino zeigt einen Abenteuerfilm. Im Laufe einer dramatischen Szene tötet ein Adliger einen Bauern. Sogleich fliegen Stöcke durch den Lichtkegel des Projektors und zerreißen die Leinwand. Überzeugt davon, daß der Tyrann vor ihren eigenen Augen erschlagen worden sei, stürzen sich die Zuschauer nach vorn, um zu sehen, wie er sein Leben aushaucht. Als sie nichts sehen, schauen sie nach, ob der Körper hinter die Leinwand gefallen sei.

Zur Förderung von Lesen und Bildung werden große Propagandafeldzüge unternommen. Am Ende der Vorträge werden den Zuhörern kostenlose Broschüren angeboten. Doch normalerweise reagiert niemand darauf, jeder weicht dem Büchertisch aus, selbst diejenigen, die lesen können. Eines Tages fand man ein Mittel, um die Bücher unters Volk zu bringen: Man stellte einen Aufseher an, dem geraten wurde, sich so oft wie möglich abzuwenden. Hinter seinem Rücken verschwanden die Bücher, ehe man sich's versah!

Die Bergler verstecken sich in den Feldern, um zu lesen, und am Abend erzählen sie dann im Dorf, was sie gelesen haben. Sie haben noch Angst, daß ihr Mullah, der die Neuerungen nur ungern sieht, sie mißbilligen könnte. Die Eltern schicken die Kinder auch nicht in die Schulen von Nal'chik. Denn das Gerücht geht um, daß man sie von da aus nach China verschleppt, um sie dort, wo Hungersnot herrscht, zu essen.

7
DAS ADIR-TAL

Um fünf Uhr in der Früh macht sich unsere zusammengeschrumpfte Gruppe zur großen Überquerung auf. Um ins Tal des Adir-Sou zu gelangen, müssen wir nach Urusbieh zurück, wo wir auch unseren Führer abholen. Auf den Wagen, die nach Nal'chik zurückfahren, legen wir die schon bekannte Strecke zurück. Zwischen den Föhren sehen wir eine Art Datscha, in der sich ein Sanatorium für Tuberkulose-Kranke befindet.

Eigentlich sollten die lokalen Behörden aber ein Erholungsheim für durcheinandergeschüttelte Knochen bauen. Denn seit unsere Pferde über große Kieselsteine gehen, ist unser Zustand bedauernswert. Ich habe ein Gefühl, als würden mir die Wirbel ausgerenkt.

Wir kommen in Urusbieh an.

Frauen sitzen auf den Türschwellen, eine Alte in langen, rosafarbenen Pluderhosen wäscht in einem kupfernen Kochkessel ihre Wäsche. An einer Ecke des Platzes stehen die Männer in ihrer Tscherkeska und plaudern.

Der Hirte, der uns als Führer dienen soll, ist schon zur letzten Weide des Adir-Tales aufgestiegen. Lubimow sucht einen Schmied – Veras Steigeisen müssen verkürzt werden – und Abramm einen Schuhmacher für seinen Herrn.

Was bedeutet der Halbmond auf jenem großen, verwitterten Haus? Ist das wohl eine Moschee? Kann man sie besichtigen? Man kann.

Eine wacklige Treppe führt zu einer halbgeöffneten Türe. Das Erdgeschoß besteht aus einem einzigen, großen Raum mit zwei Stufen vor einer Fensternische. Am Boden liegt ein Teppich aus Ziegenhaar. Im oberen Stock, der von Holzpfeilern getragen wird, liegen zusammengerollte Teppiche. Offenbar gibt es nur wenige Gläubige. Es ist auch nicht mehr üblich, den Beweis einer Pilgerreise nach Mekka – eine mit dekorativen arabischen Buchstaben geschriebene Bescheinigung – an die Mauern der Moschee zu kleben. Der Mullah bestellt heute sein Feld wie alle andern auch.

Unter dem Vordach des Nachbarhauses sitzt eine junge Frau und stopft ein gesticktes Hemd. Mit ihrem kräftigen Körperbau, der gelblichen Haut und den mandelförmigen Augen unterscheidet sie sich deutlich von den balkarischen Frauen, die schmale Hüften und Gesichter, magere Gelenke und braunes Haar haben. Sie ist Kabardin, kommt aus der Ebene und spricht russisch. Seit vier Jahren ist sie verheiratet.

»Hast du keinen Ehemann?« fragt sich mich sofort.

Auf meine verneinende Antwort hin betrachtet sie mich mitleidig.

Wir essen bei einem Swanen. Er kocht auf einem Steinofen in einem Keller, einem wahren Fliegenparadies. Es gibt weiche Eier, ungegorenes Brot, Getreidefladen und als Hauptspeise einen Brei aus Gries, Käse, Butter und Milch. Dazu trinken wir Eiram, eine Mischung aus saurer Kuh- und Ziegenmilch – kein Grund zum Naserümpfen, sie ist ausgezeichnet.

Der Raum hat ein einziges Fenster und einen Kamin, durch den man direkt in den Himmel sieht, ferner ein hohes Bett, ein niedriges Sofa, auf dem mehrere auserwählte Nachbarn Platz genommen haben, um mit uns den Tee zu trinken. Im Hintergrund des Zimmers stehen nochmals zwei niedrige Betten. Das wichtigste Möbelstück ist zweifellos die Kommode, über der Papierfächer und bunte Postkarten hängen. In ihr wird alles aufbewahrt, was hier wertvoll ist: Tassen, Zucker, die Teedose…

Ein Mann bietet Naveriani ein Paar neue Schuhe an. Er nimmt den Kupferkrug, den wir vor dem Essen zum Händewaschen benützt haben, und gießt Wasser über die Schuhe, dann drückt er sie nach allen Seiten zusammen, um sie geschmeidig zu machen. Sie bestehen nur aus einer dünnen Ziegenhaut und stinken entsprechend nach Bock. Geschnürt werden diese Mokassins mit einem Lederriemchen unter den Füßen. Bevor man sie wie Handschuhe überstreift, stopft man sie sorgfältig mit Gras aus. Jeder Bergsteiger im Kaukasus erzählt von diesen Schuhen, die allerdings zu häufigem Anhalten zwingen.

Naveriani bezahlt sechs Rubel für seine Mokassins. Das Essen geht auf Kosten der Gemeinschaftskasse. Wir beginnen den Aufstieg im schmalen Adir-Tal.

Nach zwei Stunden Marsch auf einem steinigen Pfad taucht ein armseliges Dorf mit von wilder Vegetation überwucherten Holzhütten auf. Während Abramm sich nach unserem Führer erkundigt, ruhen wir uns am Ufer des Wildbaches aus. Vera macht Umschläge um ihr schmerzendes Knie, ich pflege eine Schürfwunde am Zeh, Verletzungen, die wir uns am Vortag im Geröll zugezogen haben.

Mit Eroberermiene und leichtem Schritt, den Rucksack und das Gewehr geschultert, übernimmt Abramm im Wald die Führung. Die Schöße seines Militärmantels hat er hochgehoben und in den Gürtel gesteckt, auf dem Kopf trägt er den Baschlik, einen eleganten Turban aus brauner Wolle mit Goldstreifen an den Rändern.

Beim Aufsteigen bin ich wie immer die langsamste und also am Schluß des Zuges. Naveriani hält jede halbe Stunde an, um unsere Route zu notieren, doch mit seinen langen Beinen holt er, der beste Bergsteiger und Gemsjäger seines Landes, mich rasch wieder ein.

Ein romantisches Tal. Um drei Uhr nachmittags kommen wir zu einer Hochebene. Abramm watet durchs knietiefe Wasser des Baches, der sich hier ungestüm verbreitert, ans andere Ufer hinüber, wo man am Fuß einer Felswand eine Hütte sieht. Er kommt zurück mit der Meldung, daß wir auf dem richtigen Weg seien und auf dieser Talseite bleiben müssen. Aber die Föhren versperren uns die Sicht, und wir geraten zu weit nach links in ein Seitental. Um diesen Fehler wieder gutzumachen, müssen wir die Flanke in Richtung Adir abschneiden, einen tosenden Bergbach überqueren und über einen Haufen riesiger Felsblöcke steigen. Die Swanen in ihren geschmeidigen Mokassins sind in diesem Gelände unglaublich beweglich, es ist schwierig, auf Hörweite zu bleiben und zu wissen, wo sie durchgegangen sind. Wenn man zu lange überlegt, bevor man von Stein zu Stein springt, ist man verloren. Vera hat einen sicheren Tritt, Lubimow ist langsam und durch seine Kurzsichtigkeit behindert.

Als wir wieder auf dem richtigen Weg sind, fordert Naveriani mich auf, vorn zu gehen, da ich den regelmäßigsten Schritt habe. Welch eine Ehre!

Schroffe Bergwände schließen das Tal ab: rechts der Gumachi, der höchste Gipfel einer beeindruckenden Kette, ihm gegenüber die riesige, senkrechte Wand des Latsga, dessen Kamm sich gegen einen regenschwarzen Himmel abzeichnet. Eine großartige, wilde

Landschaft. Der Weg schlängelt sich durch ein von tosenden Wildbächen durchzogenes Unterholz. Ein Wildpferd spielt eine Weile Verstecken mit uns. Verängstigt dreht es uns die Hinterbacke zu und macht einige Sprünge ins Gehölz, dann kommt es mit gespitzten Ohren, von Neugier getrieben, wieder heraus. Einsetzender Regen trägt den Duft eines Holzfeuers zu uns.

Hunde bellen, Rufe werden ausgetauscht, der Wald lichtet sich. Wir sind angekommen. Ein großer, magerer Balkare mit einem Schnurrbart, unser Führer, empfängt uns. Ein Ast wird aufs Feuer gelegt, und wir trocknen unsere Kleider. Übereinandergelegte Baumstämme und ein Dach aus Ästen und einem Stück Filz bilden einen primitiven Unterschlupf. Die Inneneinrichtung besteht lediglich aus einem Haufen Burkas und Decken, die auf der festgestampften Erde liegen. Draußen, an der dem Feuer zugewandten Mauer, stehen ordentlich nebeneinander gereiht drei riesige kupferne Kochkessel, außen schwarz, innen glänzend gescheuert. An einer Ecke des Unterschlupfs ist eine Milchzentrifuge angeschraubt – einsamer Zeuge der modernen Zivilisation in diesem verlorenen Kaukasustal… Der Hirte dreht langsam die Kurbel, und das entstehende Geräusch erinnert mich an einen wundervollen Winter in der Schweiz, als ich jeden Morgen von einer im Nebenraum laufenden Milchschleuder sanft geweckt wurde.

Ein Junge kommt mit einer Schafherde, ein zweiter Hirte bringt eine Maultierladung Holz. Unser Zelt ist aufgestellt. Wir essen Kartoffeln mit Salz und Butter. Milch – schäumend frische, gestockte und saure – sowie Frischkäse sind in riesigen Mengen vorhanden. Abramm und ich sind glücklich, wir reichen uns gegenseitig die Gefäße aus glattem Holz.

Die Bergler schlafen eingewickelt in ihre Burkas auf dem Boden neben dem Feuer. Windstöße schlagen gegen unser kleines Zelt. Es riecht nach Schnee. Mich friert. Um nicht allzu schwer tragen zu müssen, habe ich nur eine Baumwolldecke mitgenommen, die sich nun als völlig ungenügend erweist.

Um sechs Uhr ist Tagwache, heute werden wir das gelobte Land betreten. Unser Führer, der ältere der beiden Hirten, gibt genaue Anweisungen, was während seiner Abwesenheit zu tun sei. Er ist mager, und auf dem kleinen Kopf trägt er einen Flanellturban. Der Flanke des riesigen Steinabhangs entlang geht er voraus. Geröll, Felsen, tiefe Schluchten, in denen man im Zickzack aufsteigen muß. Wolken, die nichts Gutes verheißen, hüllen die Berge ein, nur der Latsga zu unsern Füßen ist sichtbar. Ein heftiger Windstoß trägt beißende Hagelkörner herbei, die sich in den kleinen Gruben der Grasbüschel ansammeln. Der Nebel senkt sich, dann beginnt dichter Schnee zu fallen. Am Anfang tritt man ihn mit den Füßen in die gelbe Erde, dann wird die Schicht dicker, und unsere Schritte hinterlassen saubere Spuren. Die der Kaukasier erkennt man an den Riemchen-Abdrücken.

Nach zwei Stunden Aufstieg erreichen wir einen kleinen, zugefrorenen See. Wir finden unter einem wie ein Balkon geformten Felsen Unterschlupf. Hier hatten die Balkaren jeweils ihre Spähposten, wenn sie einen Angriff der Swanen aus dem Süden befürchteten. Vor langer Zeit waren diese wieder einmal eingefallen, ihre dickschwänzigen Schafe vor sich hertreibend. Als sie verfolgt wurden, ließen sie die Schafe zurück, die sich verirrten und in Gletscherspalten abstürzten. Vierzig Jahre später fand man am Fuße des Gletschers riesige Knochenhaufen.

Als der Nebel kurz einmal aufreißt, sehen wir den oberen Teil unseres Gletschers. Er ist von frischem Schnee bedeckt. Das bedeutet, daß die Gletscherspalten nicht erkennbar und gefährlich sind. Unsere Begleiter besprechen sich auf Swanisch. Ich könnte diesen gutturalen Lauten stundenlang zuhören.

Da der Gletscher sich ständig verändert und unser Führer dieses Jahr noch nicht hier gewesen ist, rät er uns, umzukehren. Wir können nichts dagegen einwenden. Gehen wir also nach Tegenekli zurück, und versuchen wir es morgen mit einem einfacheren Paß, dem Betscho. Wenn wir nur einen Tag früher aufgebrochen wären, dann hätten wir diesen ersten Schnee vermeiden können!

Auf dem Rückweg stellen wir fest, daß unsere Spuren schon zugedeckt sind. Ein Junge hütet allein im Schnee seine Schafe. Mitten im riesigen Abhang wirkt er wie eine Verkörperung der absoluten Einsamkeit.

Um die Mittagszeit verlassen wir dankbar das Lager der Schafhirten. Sie haben einen merkwürdigen Händedruck. Sie lassen nur die Finger los, behalten aber den Daumen noch einen Augenblick in der Hand.

Wir beginnen den traurigen Rückweg im weiten Baksantal, wo ironischerweise die Sonne scheint. Vor etwa 40 Jahren war der Führer Andreas Fischer aus der Schweiz den gleichen Weg gegangen, um den feindlichen Berg nach den verschollenen Mitgliedern einer Expedition, an der sein Bruder teilgenommen hatte, abzusuchen. Voller Enttäuschung kam er vom Dykh-Tau zurück. Das einzige, was er gefunden hatte, waren Spuren ihres letzten Lagers in der Nähe des Gipfels.

Abramm hat in Urusbieh einen Wagen geholt, und so fahren wir nun das Tal hinunter, dem ich gestern für immer Lebewohl gesagt habe! Abramm hat Hunger, er findet, daß der Wagenführer zu langsam ist, und nimmt die Zügel selbst in die Hand. Er spornt die Pferde an und ahmt dabei den Ruf des Mullah so komisch nach, daß alle Tränen lachen.

Ich frage unseren Kutscher, ob er schon einmal Skier gesehen habe. Er weiß, wovon ich spreche. Ein Junge aus Nal'chik hat solch merkwürdige Dinger aus dem Militärdienst mitgebracht, um sie seinen Landsleuten zu zeigen. Die ersten, 1890 aus Norwegen eingeführten Skier mußten unseren Berglern in der Schweiz genauso sonderbar vorgekommen sein. Aber wie die Schweiz wird auch der Kaukasus eines Tages vom Skisport erobert werden. Wie weit liegt es doch schon zurück, daß der Mont-Blanc und das Berner Oberland noch zwei Tagreisen im Pferdewagen von der nächsten Bahnstation entfernt waren? Wie sich doch alles verändert! Wer weiß, vielleicht befindet sich bald schon der Mount Everest, vom Flugzeug bezwungen, vor der Haustüre Europas?

8

DER BETSCHO-PASS

In der Basis erzählt der Führer Gregorieff aus Kislovodsk, daß letzten Winter drei Russen mit Skiern und Schneeschuhen nach Nal 'chik gekommen waren. Sie wollten sehen, ob der Schnee das Überqueren der Pässe erleichtere. Leider war das Wetter schlecht, es regnete viel, und die Gletscherspalten blieben offen. Aber für nächsten Winter sei wieder eine Ski-Expedition geplant. Sie wird den Betscho-Paß überqueren und die Dörfer Swanethiens besuchen, im ganzen wird sie etwa 450 Kilometer zurücklegen. 50 Paar Skier sollen an die Schüler von Mestiya verteilt werden, und man wird ihnen das Skifahren beibringen. Zum ersten Mal werden im Winter Fremde nach Swanethien kommen.

Der Skisport wird die Gewohnheiten der Swanen, die bisher den größten Teil des Jahres von der Umwelt abgeschnitten waren, verändern, wie er auch das Leben der Bergler in den Alpen verändert hat. Wer weiß? Vielleicht werden die behendigen Swanen außerordentliche Skifahrer, Erfinder einer kaukasischen Technik, die mit der aus Arlberg rivalisieren wird? Gregorieff kennt die Schweiz gut, und so kommen wir auf die Jungfrau im Berner Oberland zu sprechen.

»Was halten Sie von den Alpen, verglichen mit dem Kaukasus?« frage ich weiter.

»Beide Gebirge bestehen aus großartigen Massiven, die Unterschiede liegen in der Umgebung. So bewirkt die andere geographische Breite hier ein vielfältiges Licht- und Schattenspiel, und die vulkanischen Gipfel des El'brus und des Kazbek erinnern eher an die Anden. In den Alpen findet sich nichts Vergleichbares. Abgesehen von den zahlreichen Fünftausendern, die die Liebhaber schwindelnder Höhen reizen, kann man hier aber vor allem so viele Zacken, Zähne, Kämme und Wände erforschen, daß selbst die abgebrühtesten Alpinisten auf ihre Rechnung kommen.«

Im Kaukasus braucht man nicht eine fünfte Wand an einem Berg zu entdecken, um endlich einmal eine Erstbesteigung machen zu können. Die bequeme Hütte mit Hüttenwart gibt es noch nicht. Sie sind übrigens lästig, unsere ständig überfüllten Hütten, in denen man keinen Schlaf finden kann! Man hat hier zwar vor, einige Unterstände zu bauen, aber im Moment muß man sich noch mit Zelt und Schlafsack begnügen. Jeglicher Komfort fehlt. Dafür packt einen die Freude am Abenteuer und am Entdecken. Beides ist in Griffnähe! Wer die Einsamkeit des Kaukasus erlebt hat, wird sie nie wieder vergessen.

Ich frage mich, wie sich die Schweizer Hotelbesitzer gegen diese drohende Konkurrenz wehren werden, wenn der Tourismus in der Sowjetunion mit Riesenschritten voranschreitet und im nächsten Sommer der El'brus mit dem Flugzeug erreichbar sein wird. Das Matterhorn um tausend Meter aufstocken? Oder einigen Bergen durch neue, mit Dynamit geschaffene Kämme und Zacken eine wildere Atmosphäre geben?

* * *

Vera und ich waren die einzigen im Schlafsaal und konnten die Nachbarmatratzen als Decken verwenden. So verbrachten wir die Nacht angenehm, und der Aufbruch war weniger ärgerlich als gewöhnlich.

Wir kommen an einem Wegweiser mit der Aufschrift »El'brus 15 km« vorbei. Das schmale Tal des Jusengi führt an einer Flanke des Keulchatt entlang. Im ersten steilen Waldaufstieg werde ich überholt. Vera folgt den Swanen mühelos. Nach einer Stunde Marsch hören die Föhren auf, und die Weiden beginnen. Eine Ziegenherde weidet in der Nähe einer Alphütte.

Zwei weißfellige Hirtenhunde nehmen mich wütend in Empfang. Ich will ihnen nichts tun, sicher werden sie meine freundschaftliche Gesinnung verstehen. Mit dieser Methode hatte ich bisher immer Erfolg, und ich gehe ruhig weiter, auf meinen Alpenstock gestützt, da das Gelände vom Rehkot glitschig ist. Ein dumpfes Knurren. Ich habe plötzlich Angst. Wo ist das Tier? Ich will mich umdrehen, da bohrt sich etwas in meine Wade und lockert sich sogleich wieder... das Vieh entfernt sich mit einem blutigen Stück Fleisch im Maul!

Wie betäubt und dem Erbrechen nahe, lasse ich mich auf einen

Felsen niedersinken und strecke mein Bein in die Höhe, um den Blutstrom aufzuhalten. Zum Glück war Naveriani hinter mir, mit großen Schritten kommt er auf mich zu. Wortlos zeige ich ihm die tiefe, blutende Wunde. Ich habe einen Kloß im Hals und wage nicht zu sprechen aus Angst, sogleich in Schluchzen auszubrechen. Naveriani ruft wütend den Hirten und wirft ihm vor, nicht auf seine Hunde aufgepaßt zu haben. Er zieht seinen Revolver, um das Tier zu erschießen, aber ich halte ihn zurück. Es ist ein schöner Hund, und ich glaube nicht, daß er die Tollwut hat.

Naveriani lächelt mir zu und setzt sich wortlos neben mich. Wozu auch sprechen, das Problem ist klar. Seine Augen fragen:

»Was willst du nun tun? Weitergehen? Bis auf 3500 Meter auf- und dann wieder auf 1600 Meter absteigen, dazu heute noch 33 Kilometer zurücklegen? Oder zur nahen Basis zurückkehren, ein Pferd bestellen und dich allein auf den Weg machen? Wie immer du dich entscheidest, du mußt die Folgen deines Entschlusses allein tragen.«

Ja, ich bin für mich allein verantwortlich. Die anderen können mir nicht helfen.

Ich versuche einige Schritte... Ich kann nur die Spitze des Fußes belasten, da der verkürzte Wadenmuskel stark zieht. Aber wenn ich vier Schritte machen kann, schaffe ich auch das Doppelte und das Doppelte vom Doppelten! Ich gehe weiter.

Naveriani nimmt meinen Rucksack. Mein Bein erwärmt sich und entkrampft sich dadurch ein wenig. Ein Taschentuch bringt das Blut zum Stillen. Ich stütze mich auf meinen Stock. Ich bin in Schweiß gebadet und schniefe bei jedem Schritt oder schneuze mich in die Hände wie ein Balkare. Sind das schon die Auswirkungen der Tollwut? Ich möcht mich hinsetzen, tief durchatmen... Am Fuß der Moräne treffe ich wieder auf die anderen. Welch eine Wohltat, sich hinzulegen! Da ich keinen Schnaps habe, nehme ich Baldrian gegen die Übelkeit, ein wenig Chlor, um die Wunde zu desinfizieren, ein Stück Schokolade, um mich aufzumuntern, und schon kann ich mich wieder über das herrliche Panorama freuen. Rundherum Gletscher, in gleißendes Sonnenlicht getaucht. Von Süden treiben einige Wolken heran und bleiben auf dem Paß hängen. Zu meinen Füßen glitzert der Gletscherbach.

»Es ist Abramms Schuld!« sagt Alexander.

»Was, mein Bein?«

Moschee in Urusbieh.

Der Dongus Orun.

Der Bergführer benutzt seine Axt als Eispickel.

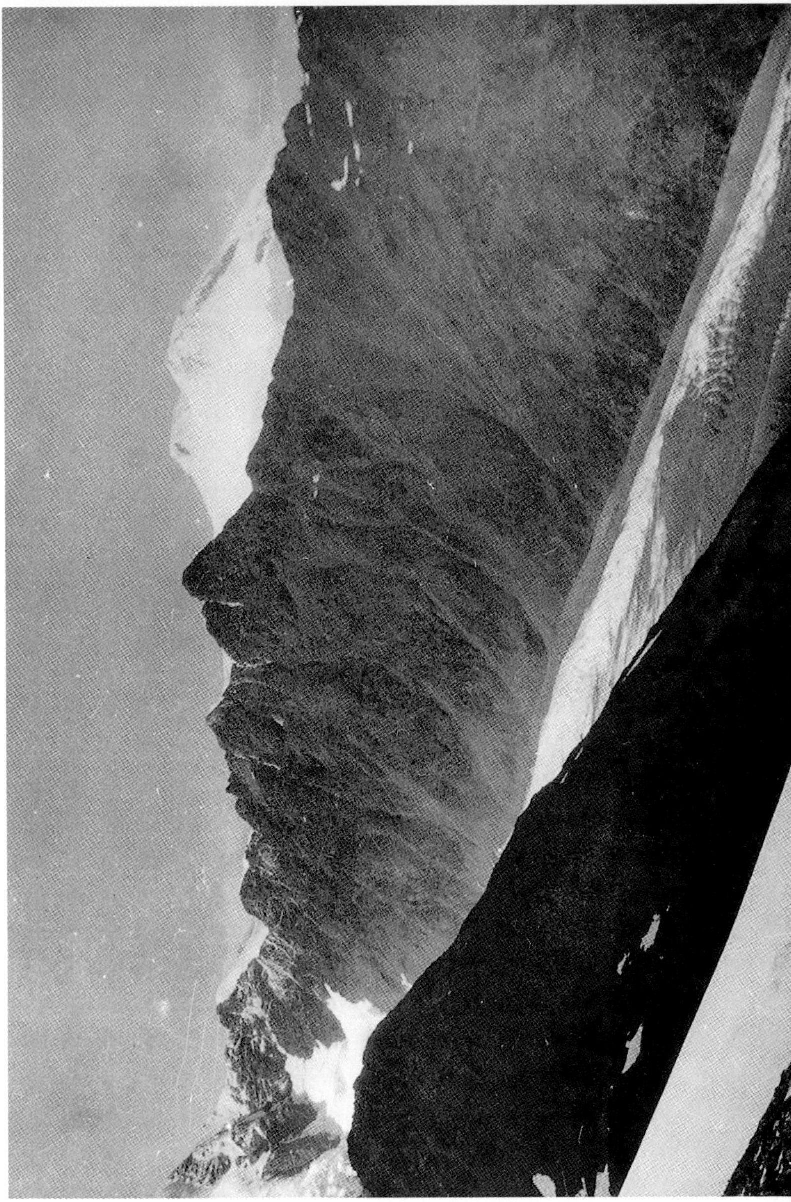

Die zwei Kegel des El'brus (5633 m).

Mestiya

Mestiya

Ein alter Mann im freien Swanethien.

1930 hatten die Karren noch keine Räder.

»Ja. Als wir vorbeigingen, bellten die Hunde, und Abramm hat sie mit dem Stock geschlagen, um sie zum Schweigen zu bringen.«

Das war also der Grund für den Unfall. Da ich weiter hinten mit einem gleichen Stock kam, hat sich der grollende Hund an mir gerächt.

Der junge Begleiter Alexanders hängt sich meinen Rucksack über seinen Burdjuk, einen unverwüstlichen und wasserundurchlässigen Sack aus der Haut eines Kalbes. Je eine zusammengebundene Vorder- und eine Hinterpfote bilden die Tragriemen, und zum Schließen wird die Haut am Hals mit einer Schnur zusammengehalten.

Ich breche früher auf, um etwas Vorsprung zu haben, und beginne, die Flanke des Jusengi der Seitenmoräne entlang aufzusteigen. Nun fangen Schnee und Gletscher an, ich tausche die Stoffschuhe gegen Stiefel und Steigeisen. Die Swanen behalten ihre mit Heu ausgestopften Mokassins an. Bei jedem Schritt graben sich meine Eisenspitzen in den sauberen Abdruck ihrer Riemchen. Plötzlich blitzt der El'brus auf: zwei riesige, weiße Kegel nördlich der Hauptkette. Die Einheimischen nennen ihn Dschin Padishan, König der Geister. Auf einem der Gipfel haust der Simurg, der Sagenvogel. Eines seiner Augen ist in die Vergangenheit, das andere in die Zukunft gerichtet. Steht er auf einem Bein, erheben sich wutentbrannt Wind, Donner und Meer.

Wenn man die Höhe erträgt, bieten diese beiden Gipfel keine besonderen Schwierigkeiten. Die Gesellschaft für Proletarischen Tourismus hat zwei Unterstände errichtet, die den Aufstieg erleichtern: den einen auf der Höhe des ehemaligen Krugosor (auf 3200 Metern), den anderen auf etwa 4200 Metern, an der Elfer. Man benötigt etwa zwölf Stunden für diese Tour, die immer beliebter wird. Letztes Jahr fanden so viele Besteigungen wie im Laufe der vergangenen 60 Jahre zusammen statt.

Doch diesen Sommer ereignete sich ein tödlicher Unfall. Die beiden Österreicher Fuchs und Kolb, ausgezeichnete Bergsteiger, machten den Aufstieg. Als sie kurz unter dem Gipfel einen Schneehang schräg überquerten, blieb Fuchs mit dem Steigeisen in seiner Gamasche hängen und glitt aus. Dabei stieß er mit dem Kopf so unglücklich an einen Felsen, daß er sich tödlich verletzte. Kolb wollte Hilfe holen. Um schneller zu sein, stieg er nach Norden ab, aber – und das zeugt von der riesigen Weite des Landes – er erreichte die erste menschliche Siedlung erst nach drei aufreibenden Tagesmärschen.

Ohne uns anzuseilen, umgehen wir einige Spalten unter dem Jusengi. Alexander schlägt mit einer kleinen Axt den Weg. Uns gegenüber erhebt sich ein großartiger Dom aus Fels und Eis, der Dongus Orun.

Auf dem Paß angelangt, blicken wir zum ersten Mal ins heißersehnte Swanethien.

9

HOCH-SWANETHIEN

Ein gewaltiger Augenblick! Zu unseren Füßen liegt das sagenumwobene Kolchis. Auf seinen Gipfeln lebten die Götter, die Prometheus an den Berg schmiedeten. In Kutais bereitete Medea ihren Zaubertrank...

Früher war der Kaukasus für die Menschen im Westen der Ursprung aller Dinge, Mythen und Rassen. Und auch heute noch leben in diesen tiefen Tälern seltsame Überlieferungen weiter.

Naveriani schreibt, die andern ruhen sich aus. Ich will Vorsprung gewinnen und gehe schon allein weiter. Über eine Geröllhalde, wo ich wenig Halt finde, ein glitschiges Schneefeld und einen Gletscher mit gefährlichen Spalten erreiche ich schließlich den sicheren Felsboden.

Auf der anderen Talseite breitet sich in Augenhöhe ein regelmäßiger, sehr breiter und mit frischem Schnee bedeckter Gletscher flach aus, dann stürzt er majestätisch 1000 Meter in einen von grauen Moränen eingeschlossenen grünen See hinunter. Um ins Tal zu kommen, muß man einen sehr steilen, steinigen Abhang absteigen. Der Gletscher hat die Steine vom Ushba heruntergetragen. Der Ushba, ein Berg von 4725 Metern Höhe, ist das Matterhorn des Kaukasus, der Traum aller Bergsteiger.

Gestützt auf mein gesundes Bein und meinen Stock, nehme ich den direktesten Weg, in schwindelerregenden Rutschern. Trotz dieser Heldentat überholen mich die Swanen, die leicht wie Gazellen von Stein zu Stein hüpfen. Vera und Lubimow sind noch weiter oben.

Unser verlassenes Seitental mündet in ein ebenso verlassenes Haupttal mit Abhängen aus dunklem Schiefer: unfruchtbare, graue Vorberge. Die zwei Tage auf der Lineiki haben zwar unser Vorhaben, den Mestiya zu überqueren, vereitelt, doch ich bereue es nicht. Die langsame Annäherung ermöglicht es erst, die unermeßliche Größe der Berge schätzen zu lernen.

Am Fuß eines Felszackens, den die Sonne mit Gold überstrahlt, wird das Tal schmaler und mündet in einen eigentlichen Hohlweg. Überall wächst Buschgestrüpp auf einer fetten, immer feuchten Erde. Kein Vogel, kein Lebewesen, man glaubt, auf einem erloschenen Gestirn zu sein.

Weiter unten gelangt man in eine Traumlandschaft: berauschender Duft von Minze und Farn, Baumwurzeln, die sich wie Tintenfische um die Felsen schlingen, undurchdringliches Gebüsch, dick mit Moos bewachsen, tiefe Äste, die vorgeschichtliche Geheimnisse bergen...

Noch weiter unten, im Halbschatten schon, führt der Weg über eine primitive Brücke in einen Föhrenwald. Wann werden wir endlich Masier, das erste Dorf im Tal, erreichen?

Der Weg führt nun sanft bergab, mein verletztes Bein muß nicht mehr die ständigen Schläge von meinen Sprüngen auffangen. Vera hat mich eingeholt, und wir gehen schweigend im Mondschein nebeneinander her.

* * *

Abramm kommt uns auf seinem Pferd entgegen, um uns in der Dunkelheit zu führen. Plötzlich tauchen große, eckige Umrisse auf: ein Turm, der erste swanethische Turm. Wir sind in Masier vor Alexanders Haus.

Über einen Baumstamm, in den Stufen geschlagen sind, kommen wir in einen gedeckten Gang und von da aus in das von einer Petroleumlampe erhellte Zimmer. Kalkgeweißte Mauern, ein Bett, ein Tisch, ein Schrank, ein Schemel, eine Burka, das ist alles.

Alexanders Frau und seine Töchter eilen geschäftig umher. Sie tragen Kopftücher, und unter ihren Kleidern erahnt man die türkischen Hosen. Sie gefallen mir mit ihren nackten Füßen, dem offenen Gesichtsausdruck und den goldenen, von schwarzen Wimpern eingerahmten Augen. Ich bin glücklich, mein Bein auf dem Bettgestell hochlagern zu können, und lächle ihnen zu. Sie haben schon gehört, daß ein Hund mich gebissen hat, und betrachten mich mitfühlend.

Sobald auch die Nachzügler angekommen sind, wird Arak, der hiesige Wodka, serviert. Schweigend tragen die jungen Mädchen das Essen herbei: gekochte Kartoffeln und ein mit Käse und Honig gefüllter Fladen. Wir essen mit den Fingern einen dreifachen Pfannkuchen, der gleichzeitig Brot und Teller ist. Man hat Bänke und einen dreibeinigen Tisch gebracht, damit die Familie und die Nachbarn mit uns essen können. In unseren westlichen Hosen sind Vera und ich die große Attraktion des Dorfes.

Eigentum kennen die Swanen nicht. Die Häuser werden nie abgeschlossen, man geht bei den Nachbarn ein und aus, und bei irgendwelchen Ereignissen lädt sich jeder selbst ein. Das steht sicher nicht im Widerspruch zum gegenwärtigen bolschewistischen Regime!

Ich schlafe tief und fest, entgegen allen Voraussagen ohne Insekten. Am Morgen regnet es in Strömen. Nach dem Frühstück unterhalte ich mich mit den beiden Mädchen, Tereko und Ossaka. Ossaka hat uns ständig diskret beobachtet, um unsere Wünsche zu erraten, sie brachte Wasser zum Händewaschen und schenkte Milch nach, sobald wir leergetrunken hatten. Als ich die Küche sehen will, führt mich Ossaka in das kaum zwei Meter entfernte Nachbarhaus aus alten Steinen.

Mit gesenktem Kopf in der Türe stehend, blicke ich in einen düsteren Raum, ein zweites, ebenfalls dämmriges Zimmer liegt dahinter. Direkt auf dem Boden aus festgestampfter Erde glüht ein kleines Feuer. Darüber liegt auf vier Stützen ein flacher Stein, auf dem die Getreide- und Maisfladen gebacken werden.

Alexanders betagte Mutter sitzt auf einer Bank und wärmt sich am Feuer. Draußen beginnt es zu schneien. Dem Feuer gegenüber steht ein Sessel aus geschnitztem Holz mit einer steifen Rücklehne, er ist dem Familienoberhaupt vorbehalten. Tereko bietet mir einen Fladen und Honig an. Obwohl ich schon zu viel gegessen habe, wage ich nicht, abzulehnen, denn die Gastfreundschaft hat hier einen hohen Stellenwert.

Als sich meine Augen ans Halbdunkel gewöhnt haben, sehe ich, daß die Decke aus glänzenden, von Rauch geschwärzten Baumstämmen besteht. In regelmäßigen Abständen sind aus den beiden Holzwänden des Raumens kleinere und größere schwarze, ovale Löcher ausgeschnitten. Durch sie können die Tiere den Kopf hindurchstecken, auf der einen Seite die Kühe, auf der andern die Schweine. An der dritten Wand aus nacktem Stein hängen verschiedene schmiedeeiserne Feuerhaken, an der vierten Wand steht rechts ein langer Holzkasten für die Nahrungsmittelvorräte, links führen vier Stufen zu einer niedrigen Türe, dem einzigen direkten

Zimmerausgang. An der Decke hängen schwarze Kupferkessel und ein merkwürdiger, kegelförmiger Weidenkorb mit einer Käsemasse drin. Hunde, Katzen, Hühner und Kücken leben hier in Alexanders Winterhaus, in dem man für acht Monate im Jahr vor der Kälte Schutz sucht.

Nicht alle Dorfbewohner besitzen wie Alexander ein angrenzendes kleines Sommerhaus. Viele leben unter sehr mangelhaften hygienischen Bedingungen. Zur Tuberkulose kommt die Malaria, die Swanen bringen sie aus der Ebene von Kutais mit, wo sie im Herbst, sobald auf ihren Feldern Schnee liegt, arbeiten gehen.

Doch heute stehen neue Männer an der Spitze des Landes, und sie haben den jahrhundertealten Häusern und den beeindruckenden Türmen den Kampf angesagt.

Diese Türme, von denen es beinahe ebenso viele gibt wie Häuser, sind die Wahrzeichen der Dörfer in Swanethien. Sie sind direkt neben die Wohnhäuser gebaut. Eckig, grau, ohne eine Öffnung, abgesehen von einer oder zwei Schießscharten, mit grasbewachsenen Zinnen, scheinen sie allem und jedem zu trotzen. Die Holzziegel der wackligen Häuser zu ihren Füßen sind mit großen Steinen beschwert. Im Innern des Turms eine eingestürzte Treppe, nackte Balken, machmal auch Jagdtrophäen von einem Rehbock, einer Gemse, einem Bären oder einem Tur, dem kaukasischen Steinbock. Der Aberglaube sagt, daß der Besitzer solcher Trophäen sein Jagdglück verliert, wenn jemand sie außerhalb des Turms bei Tageslicht zu Gesicht bekommt.

Der Tur ist schwierig zu fangen. Wenn er verletzt ist, klettert er als einziger unter seinen Artgenossen zum Gipfel hinauf. Auch im Winter geht er nicht in die Täler hinunter, sondern steigt im Gegenteil höher, dorthin, wo er geboren wurde.

Der Tur ist für die Swanen ein Totem-Tier. Er hatte ihnen einmal einen ihnen unbekannten Weg in die Berge gezeigt und sie so vor dem Tod gerettet. Deshalb stellt das Geweih des Tur nicht nur eine Jagdtrophäe dar, sondern schützt auch vor bösen Geistern. Manchmal sieht man Tur-Geweihe auch auf swanischen Gräbern. Die Blase des Tur soll ein unfehlbares Mittel gegen Darmkrankheiten sein!

Die festungsähnlichen Häuser des Tals sind nach Süden gerichtet, denn von dort konnte jederzeit der Feind auftauchen. Die Swanen waren immer sehr freiheitsliebend und schlugen alle Angriffe der georgischen Prinzen, die über Nieder-Swanethien herrschten, zurück. Im 12. Jahrhundert erkannten sie allerdings für eine bestimmte Zeit die Lehensherrschaft der schönen und für ihre Intelligenz berühmten georgischen Königin Tamara an. In dieser Zeit ließen sie sich zum Christentum bekehren, aber die Religion wurde rasch zu einem ziemlich sonderbaren Glaubensgemisch. Wahrscheinlich ist ihre heilige Nina eine umbenannte und mit den Tugenden der heiligen Jungfrau ausgestattete Venus. Damals wurden auch einige Popen ernannt, wobei im allgemeinen die Schönheit von Bart und Stimme den Ausschlag gab. Der Gottesdienst wurde an den Stätten abgehalten, wo früher den Naturgöttern Opfer gebracht worden waren.

Die Festungstürme spielen auch im Alltag, in dem es immer wieder Razzien und Blutrachen gibt, eine wichtige Rolle. Der Kinjal, den jeder Mann am Gürtel trägt, ist keineswegs nur zur Verzierung da, und es ist höchst ratsam, damit umgehen zu können. Nur der Kinjal kann die Familienzwiste regeln, die durch zahlreiche Bräuche ausgelöst werden. Zum Beispiel durch den Brauch der Brautwahl: Wenn in einer Familie ein Mädchen geboren wird, kann ein Junge sofort zur Wiege gehen und einen ihm gehörenden Gegenstand, zum Beispiel eine Gewehrkugel, hineinlegen. Das gibt ihm ein Vorrecht auf dieses Mädchen. Wenn später jemand dagegen verstößt, muß er seine verletzte Ehre mit Blut wieder reinwaschen.

Dieser Brauch gestattet eine einjährige Heirat auf Probe. Wenn der Mann mit seiner Frau nicht zufrieden ist und sie wieder zurückschickt, muß er allerdings mit der Blutrache seiner Schwäger rechnen. In einem solchen Fall zieht er sich in seinen Turm zurück und bleibt dort mehrere Jahre in Sicherheit, bis der Zorn seiner Feinde verraucht ist.

Im allgemeinen interessieren sich die Swanen wenig für weibliche Neugeborene, und es herrschte die Sitte, daß der Vater für sie eine Mahlzeit aus heißer Asche anordnete. Meist genügte schon eine einzige, um auch mit den kräftigsten Säuglingen fertig zu werden! Später hatten die Swanen dann zu wenig Frauen, weshalb sie sie aus anderen Tälern entführen mußten.

Natürlich sind das überholte Bräuche, aber auch heute noch gibt zum Beispiel der junge Mann, wenn er heiraten will, dem Vater des Mädchens zwei Rinder und zwei Kühe oder aber 500 Rubel. Allerdings kann er diese Auslage umgehen, indem er mit Zustimmung des Vaters das Mädchen entführt. Ohne Zustimmung jedoch fällt die Entführung unter das Gesetz der Blutrache.

Wenn man manchmal von der leichten Moral der Swanethierinnen sprach, war das, wie der englische Forscher Wolley sagte, nur »ein Vorwand für die Blutrache, die für den Swanen ein genauso unverzichtbarer Sport ist wie das Duell für den Heidelberger Studenten! Was sollen sie in dem nicht endenwollenden Winter auch anderes tun?«

Eines ist sicher: Von 1917 bis 1924 hat die Blutrache unter den 12000 Einwohnern Hoch-Swanethiens 600 Opfer gefordert. Heute wandern viele aus, um nicht einen ihrer Landsleute töten zu müssen, und die Bolschewiken richten alle ihre Anstrengungen darauf, diesen extremen Ehrbegriff abzuschwächen.

Wir verlassen Alexander mit herzlichem Dank. Wie die Hirten im Adir-Sou wollte auch er keine Entschädigung für seine Gastfreundschaft annehmen, denn wir sind Freunde seines Freundes. Am Ausgang des Dorfes, dessen Gäßchen sich in der Zwischenzeit in Wildbäche verwandelt haben, zeigt er uns den Weg. Ich drehe mich noch einmal um und werfe einen letzten Blick auf den Ushba, an dessen schneebedeckten Hängen Betkyl, der Jagdgott, starb. Man sagt, daß die roten Felsen sein Blut, der Schnee seine Knochen sind.

Wir nehmen eine Abkürzung direkt nach Mestiya. Der bald sandige, bald steinige Weg steigt zwischen feuchtem Dickicht an. Gelbe Krokusse und blaue Enziane sind eine wahre Augenfreude. Auf 2400 Metern erreichen wir den Bal-Paß. Im Gras weiden friedlich langborstige Schweine, die wie Stachelschweine aussehen. Diese spezielle swanethische Rasse ist aus der Kreuzung von Wild- und Hausschweinen hervorgegangen.

Gegen Süden sieht man im Nebel die mächtige Kette des Layla, die die Gegend einkesselt.

Im weiten Tal des Mulchura stoßen wir wieder auf Maisfelder, Häuser, Getreidefelder; Kinderrufe, Hundegebell, Eselsgeschrei... Wir befinden uns wieder in bewohntem Gebiet. Sonnige Dörfer, kleine Felder mit Zäunen aus geflochtenen Ästen, Dorfplätze unter großen Eichen. Oh! Ein Schauer jagt mir über den Rücken – wütende Hunde bellen unaufhörlich, als wir vorübergehen.

Der Weg gleicht teils einer richtigen Straße, teils einem schmalen, vom Wasser ausgehöhlten Pfad. Hier kommt nie ein Fahrzeug auf Rädern durch. Statt dessen dienen im Winter wie im Sommer von Ochsen gezogene Schlitten mit Kufen aus geschliffenem Holz als Transportmittel. Um in die nächste Stadt zu gelangen, reitet man vier Tage lang auf Mauleseln durch Hohlwege und über hohe Pässe, die nur drei Monate pro Jahr begehbar sind. Das unentbehrliche Salz wird auf Pferden von Kutais heraufgebracht. Der Transport verteuert alles. In der Stadt kostet der Sack Salz 60 Kopeken, in Mestiya dagegen sieben Rubel! Deshalb sind die Einwohner ganz versessen auf die geplante Straße, die sie mit dem Rest der Welt verbinden soll. 1885 wagte sich ein georgischer Statthalter bis nach Betscho vor. Er versprach, eine Schule und eine Straße zu bauen, doch nichts wurde gemacht. Seitdem 1864 der Kaukasus vollständig unterworfen worden war, bezahlte jede swanische Familie einen Rubel dreißig pro Jahr allein für die Gnade, regiert zu werden. Naveriani hat von Georgien nun die nötigen Kredite erhalten, und die Straße ist im Bau. Von Zugdidi im Westen herkommend, verläuft sie dem Inguri entlang flußaufwärts und muß alle seine Schluchten überwinden. Endlich wird diesem bisher völlig vergessenen Tal geholfen. Selbst heute noch bin ich zahlreichen Russen und sogar Kaukasiern begegnet, denen der Name Swanethien nichts sagt.

* * *

Wir sind in Mestiya, einer beeindruckenden Siedlung mit 70 Türmen, am Fuß der mit frischem Schnee bedeckten Berge. Vor jedem Haus ein Dreschplatz voller Halme. Rinder gehen im Kreis herum und ziehen als Dreschflegel ein schweres Holzbrett hinter sich her, dessen Unterseite mit kleinen, spitzen Kieselsteinen gespickt ist. Auf dem Brett steht eine Frau, neben sich die Wiege mit dem Letztgeborenen.

Wir gehen an einer Gruppe Einheimischer vorbei, die an einer Mauer lehnen, und kommen auf den Dorfplatz, die einzige ebene Fläche im Tal. Und was sieht man zuerst auf dem »Swanethien-Platz«? Turngeräte und die Pfosten eines Fußballtores! Rechts stehen zwei im Bau befindliche große Steinhäuser. Auf der anderen Seite eine Reihe Holzhäuser mit gedeckten Gängen: die Kooperative, das Krankenhaus. Dahinter stehen die alten Häuser mit ihren Türmen: Zeugen einer anderen Epoche. Neben der Kirche ein Friedhof, auf den flachliegenden Grabsteinen haben Schlitten tiefe Spuren hinterlassen.

Die Basis von Mestiya: drei Zelte in einer Umzäunung, wo haarige Schweine für die Beseitigung der Abfälle sorgen, und ein weißes, niedriges Haus mit drei Schlafsälen. Endlich kann ich mein Bein ausstrecken.

Später kommen die andern Mitglieder unserer Expedition. Sie sind alle wohlauf, aber das Pferd, das die Vorräte trug, ist auf einem Schneehang gestürzt, und sie hatten ihre liebe Mühe, es wieder auf die Beine zu bringen. Dann begegneten sie einem einsamen Wanderer, den drei bewaffnete Banditen ausgeraubt hatten. Sie trugen zwar swanische Hüte, aber das war bestimmt eine Verkleidung, denn die Swanen stehlen nie. Alle machten sich darauf gefaßt, diesen Wegelagerern zu begegnen, Melnikoff mit dem Fotoapparat in der Hand, um den erwarteten bewaffneten Überfall zu verewigen. Bittere Enttäuschung: Sie entdeckten niemanden.

Heute ist ein Ruhetag. Wir schlafen aus und frühstücken dann vor dem Haus in der Sonne. Das heiße Wasser aus dem Kipetok wird für Wäsche aller Art gebraucht. Den Schuhen, unkenntlich vor lauter Kot, Dreck und Lehm muß man sich ganz speziell widmen. Dann erkunden wir die Umgebung, jeder auf seine Art. Sowchose steuert geradewegs auf den Bazar zu, um sich nach den Preisen für Zahnbürsten und Kochkessel zu erkundigen. Ich schlendere ziellos durch die lehmigen Dorfstraßen.

Von einem bestimmten Alter an ziehen die Frauen ihr Kopftuch nicht nur übers Kinn wie die russischen Bäuerinnen, sondern bis zur Nase hinauf, doch waren die Frauen hier nie verschleiert oder eingesperrt. Im Gegenteil, man findet sogar noch Spuren des Matriarchats: Bei festlichen Banketten spielt die Tamada, die älteste Frau der Familie, die Rolle der Tischherrin. Jedes Mal, wenn sie eine Anweisung gibt, werden Pistolenschüsse in die Luft abgefeuert.

Genauere Auskunft über das swanische Volk erhält man anhand der Vornamen. Es wird nicht wie in Rußland der Vorname des Vaters, sondern der des ersten – weiblichen oder männlichen – Ahnen weitervererbt. So wird manchmal auch ein weiblicher Name verewigt.

Es gibt hier Brunnen aus ausgehöhlten Baumstämmen. In Balkarien fehlt so etwas, und die Frauen müssen jedes Mal zum Fluß hinuntergehen, um Wasser zu holen. Im Gegensatz zu den balkarischen Häusern mit den großen weißen Krügen auf dem Dach besitzen die swanischen Häuser keine Kamine. Wenn man oberhalb von Mestiya spazierengeht, sieht man die braunen Dächer in einen leichten Dunst eingehüllt. Das ist der Rauch, der nur mühsam zwischen den Ziegeln entweicht, bevor er sich in der Bergluft auflöst.

Auf dem großen Platz von Mestiya herrscht reges Treiben. Überall verbreiten die Kommunisten ihren Unternehmungsgeist. Ein Schlittenzug gleitet zum beinahe fertiggestellten Neubau. Der kommunistische Club wird hier einziehen. Versammlungsräume, eine Bibliothek, ein Buffet und ein Kino werden für alle zugänglich sein. Plötzlich denke ich an La Bérarde, einen Weiler ganz hinten in einem ungastlichen Tal im französischen Dauphiné: ein paar schneebeladene Hütten, durch Lawinen vom Rest der Welt abgeschnitten. Während des acht Monate dauernden Winters vegetieren die Bewohner kältestarrend dahin, verloren in einem Chaos von Stein und Schnee, und ersäufen ihre Eingeweide im Alkohol. Für sie wäre ein funktionierendes Gemeinschaftshaus die Rettung. Doch was müßte man nicht alles auf den Kopf stellen, um diese Bergler dafür zu gewinnen, ihre jahrhundertealten Gewohnheiten zu verändern, Steine zusammenzutragen und etwas aufzubauen!...

Am Abend treffen wir uns wieder in der Basis. Im Vorraum stehen unsere vier Töpfe auf vier Gasplatten. Dann essen wir auf unseren Schlafstätten ausgestreckt unsere Maccaroni. Neben dem Feuer hängt unsere Wäsche zum Trocknen auf den Alpenstöcken.

Merjachvili, der Verantwortliche der Basis, hat forschende, schwarze Augen; ein schwarzer Vollbart umrahmt sein schönes, kantiges Gesicht. Er erzählt mir swanische Geschichten.

* * *

Am Ufer der Mulchura wäre der kleine, blasse, glatzköpfige Dichter Chklovski beinahe ums Leben gekommen. Er nahm an einer Filmexpedition teil, und um sich nützlich zu machen, hatte er es übernommen zu kochen. Aus diesem Grunde hielten ihn die Swanen für einen Diener und behandelten ihn mit Verachtung. Eines Tages badete er nackt im Fluß, was hier jedoch verboten ist. Ein Einheimischer ertappte den Dichter in seinem gesetzeswidrigen Aufzug und legte unverzüglich sein Gewehr an. In diesem Augenblick kam ein angesehener Swane vorbei und griff ein. Chklovski gehörte zu einer Gruppe von Fremden, die seine Gäste waren, und stand somit unter seinem Schutz. Der Zwischenfall wurde zügig erledigt:

»Hat er dir etwas getan?« fragte er Chklovski.

»Hm, ja«, erwiderte Chklovski, nachträglich noch schlotternd vor Angst und völlig eingeschüchtert.

»Dann darfst du ihm die Ohren abschneiden«, entschied der Chef.

Chklovski rührte sich nicht, und weil der Swane glaubte, er habe kein Messer, fügte er hinzu:

»Da, nimm meinen Kinjal!«

Nach altem Brauch fängt man an den Flußufern die Seelen der Ertrunkenen ein. Dies spielt sich folgendermaßen ab:

Hin und wieder kann es vorkommen, daß nach einem reichlich mit Arak begossenen Abend, wenn die Nacht dunkel und der Pfad glitschig ist, ein braver Mann in den Fluß fällt und nicht wieder auftaucht. Die Dorfbewohner nehmen dann einen Schlauch und einen lebenden Hahn und veranstalten einen Umzug zu der Stelle am Ufer, wo der Betrunkene vermutlich verschwunden ist. Dort wird der Schlauch weit geöffnet und der Hahn an den Krallen gepackt. Dieser beginnt zu krähen, wenn die Seele des Toten in den Schlauch geschlüpft ist. Sofort wird der Schlauch zugebunden. Dann gehen alle zum Friedhof, wo der Schlauchinhalt über einem offenen Grab ausgeleert wird. Danach wird das Grab zugeschüttet, und so hat der Ertrunkene ein ordentliches Begräbnis erhalten. Zu Ehren des Verstorbenen findet anschließend ein Bankett statt, in dessen Verlauf es vorkommen kann, daß sich ein Mann schwankend dem Grab nähert, den Inhalt einer Flasche darüber gießt und zum Toten sagt:

»Gib diesen Wein meinem Vater, der da oben vor Durst sicher beinahe umkommt!«

Die Beerdigungszeremonien haben ganz allgemein eine enorme Bedeutung. Man schätzt, daß ein Verstorbener seine Familie im ersten Jahr nach seinem Tod etwa 500 Rubel kostet. An der Beerdigung nehmen nicht nur die Verwandten des Toten teil, sondern alle, die den gleichen Namen tragen. Mehr als tausend 600 Gramm schwere Brote werden zu dieser Gelegenheit gebacken.

Die Leichengesänge sind harmonische, dreistimmige Chöre, die vom Tschang begleitet werden, einer Art primitiver Leier. Dieses Instrument war einst die Hand von Rostom, dem swanischen Orpheus, der sie bei seinem Tod seinem Volk hinterließ.

Es war einmal eine Greisin, die niemanden mehr auf der Welt hatte. Als sie den Tod nahen fühlte, hatte sie nur eine Sorge, nämlich kein würdiges Begräbnis zu erhalten. So organisierte sie noch zu Lebzeiten ihre Beerdigung, an der sie selbstverständlich in Fleisch und Blut teilnahm. Danach lebte sie für den Rest ihrer Tage ruhig und zufrieden.

Die alten Bräuche leben noch heute weiter, manchmal gleichzeitig mit neuen Lebensformen, in einer sonderbaren Vermischung zweier Epochen.

Zum Todestag eines Komsomolzen (junger Kommunist) wird im Hause seiner Eltern aus Stoff eine Puppe angefertigt und mit den Sachen des Verstorbenen bekleidet. Ihr Gesicht besteht aus einem Taschentuch und auf ihrem Kopf sitzt eine Schirmmütze, eine ganz neu in dieser Region eingeführte Kopfbedeckung. Neben die Puppe werden die Lieblingsgegenstände des jungen Verstorbenen gelegt: sein Revolver, seine kommunistischen Bücher und seine Komsomol-Mitgliedskarte.

Was würde wohl der Komsomolze sagen, wenn er solche Hexenbräuche sähe? Aber vielleicht wäre er gar nicht schockiert, sondern würde das alles ganz normal finden!

* * *

Ich werde vom Geräusch des Tropfen-Waschbeckens vor unseren Fenstern geweckt. Draußen ist es kalt. Die Vorbereitungen für die Abfahrt dauern eine Ewigkeit, denn die kleinen Pferde, die unser Gepäck tragen sollen, wollen sich nicht beladen lassen. Erst gegen elf Uhr setzt sich unsere Gruppe in Richtung Latpar (2380 m) in Bewegung. Dieser Paß öffnet den Zugang zu den Gebieten im Südosten.

Wir überqueren den Wildbach und steigen dann seinem Lauf entlang durch dichtes Gebüsch talaufwärts. Dieser unregelmäßige Weg, auf dem die Pferde ständig stolpern, ist die Hauptstraße Swanethiens. Manchmal begegnen wir Schlitten, die Holz geladen haben. Völlig schief, eine Kufe höher als die andere, gleiten sie auf dem Abhang dahin.

Auf der andern Talseite ragen felsige Berge des Mullach-Gebietes über den an den Abhängen angelegten Feldern auf. Von Zeit zu Zeit sieht man Dörfer mit ihren Türmen.

Aus dieser Gegend stammt Sylvester Naveriani. Ganz allein bildete er sich in seinem Bergdorf, um Lehrer zu werden. An der Universität Tiflis absolvierte er seine Prüfung, studierte dann in Rußland und kam nach der Revolution wieder in seine Heimat zurück. Hier war er der erste Kommunist und führte einen unerbittlichen Kampf gegen die Menschewiki, bis sie schließlich unterlagen. 1925 hatte er sich für acht Monate in einen Turm geflüchtet, um einer Blutrache zu entgehen. Nach seinem Aufenthalt in dem Turm erkrankte Naveriani wie so viele seiner Landsleute an Tuberkulose, die er mit folgender Methode erfolgreich bekämpfte: Täglich, bei jeder Witterung stieg er in die Berge, und zwar jedesmal zu einem höheren Punkt als am Vortag. So bezwang er die höchsten Gipfel und wurde zum besten Kletterer des Landes. Und gleichzeitig wurde er auch wieder gesund.

Er ist eine außergewöhnlich interessante Persönlichkeit und so populär, daß wir, als wir in der Bäckerei seinen Namen nannten, mehr Brot erhielten, als uns eigentlich zustand. Dies ist keine Selbstverständlichkeit in Anbetracht des Rationierungssystems und der Armut des Landes, die schon 1883 von Wolley beschrieben wurde. Die Leute sagen, daß Naverianis Kinder die Namen von berühmten Gelehrten tragen: Newton und Edison.

Zwischen reichbeladenen Haselnußbüschen hindurch erklimmen wir die Höhen von Uguir und steigen dann über einen sonnigen Hang oberhalb von Ipar nach Süden ab.

Die Einheimischen kürzen den Weg ab, indem sie die direkte Linie wählen. Wendig wie Gemsen springen sie lautlos von Stein zu Stein. Wie Tiere tasten sie mit ihren Mokassins zuerst den Rand des Steines ab, bevor sie den Fuß ganz aufsetzen. Einer von uns, Kulikoff, wollte in einem Anflug von Grandezza den kaukasischen Reiter spielen und mietete für drei Tage ein Pferd. Doch kaum war er losgeritten, merkte er, daß ein Pferd in den Bergen alles andere als bequem ist. Beim Aufsteigen rutscht man nach hinten, beim Absteigen muß man sich am Sattel festklammern, auf den flachen Stücken bleibt das Pferd stehen, sobald man es nicht ununterbrochen anspornt... Kurz, der gute Kulikoff macht jedem vorteilhafte Angebote: Für 12 Rubel 50, das heißt die Hälfte dessen, was er bezahlt hat, ist er bereit, uns sein Reittier zu überlassen. Doch er hat keinen Erfolg. Auch ich spüre lieber die glatte und frische Erde mit den Schlittenspuren unter den nackten Füßen, als daß ich auf einem Pferd sitze.

Am Zusammenfluß der beiden Bergbäche, am Fuß von grünen

Steilhängen, liegen die alten Häuser von Ipar. Wir steigen das Tal des Ingur hinauf, der ins Schwarze Meer mündet. Auf einer Wiese machen wir halt, um auf einem Holzfeuer Reis zu kochen.

Im Halbschatten eines dichten Unterholzes verwandelt sich der unebene Pfad in einen Morast. Auf einer kleinen Lichtung holt uns ein berittener Briefträger ein. Bevor er zur nächsten befahrbaren Straße gelangt, hat er noch etwa hundert Kilometer in den Bergen zurückzulegen. Ein Brief braucht zwölf Tage, bis er über Tiflis und Baku in Moskau anlangt.

Die ruhige Elena erzählt mir von sich. Sie lebt allein in Moskau, ihre Mutter ist Lehrerin in einer Provinzstadt. Elena ist Klavierstudentin im letzten Jahr am Konservatorium. Sie verdient sich jetzt schon ihren Lebensunterhalt, indem sie jeden Abend im Cluborchester der Roten Armee spielt. Wir sprechen über die Konzertsaison und die berühmten Moskauer Professoren, die viele Schüler aus dem Ausland anziehen.

Um zehn Uhr abends erreichen wir Kali, ein kleines, verschlafenes Dorf. Die Basis, ein einstöckiges Haus mit einem Balkon, ist schon geschlossen. Müssen wir nun bei dieser beißenden Kälte im Zelt schlafen? Wir entdecken glücklicherweise einen offenen Fensterladen und springen in einen dunklen Raum. In einer Ecke sind Pulte zusammengeschoben. Offenbar handelt es sich um ein Schulzimmer. In den Dörfern, wo die Gesellschaft für Proletarischen Tourismus noch keine Schlafsäle gebaut hat, müssen die Schulen für die vorüberkommenden Touristen geöffnet bleiben.

Auf einem flackernden Kaminfeuer kocht unser Grieß, die Schuhe davor dampfen. Wir richten uns auf dem Boden für die Nacht ein, mit der Absicht, am andern Morgen so früh wie möglich aufzubrechen. Um nicht zu frieren, habe ich mich nahe ans Feuer gelegt, doch sobald das letzte Holzscheit verlöscht ist, bedaure ich es, nicht zwischen zwei Menschen zu schlafen. Zähneklappernd vor Kälte rücke ich so nahe wie möglich zu Glas, um von seiner Wärme zu profitieren.

Am andern Morgen stellen wir fest, daß Kulikoffs weißes Pferd das Weite gesucht hat: Wir müssen es suchen gehen.

Heute werden wir den letzten Paß überqueren und uns von den kaukasischen Alpen verabschieden, bevor wir nach Nieder-Swanethien kommen.

Unterwegs erzählt mir Sowchose die Geschichte des Marine-Offiziers Popoff. 1895, ein Jahr vor Marconi, hatte Popoff in der Bucht von Kronstadt seine Versuche mit drahtloser Telegraphie erfolgreich abgeschlossen. Um dieses Ereignis zu feiern, wurden sogar spezielle Briefmarken herausgegeben. Der Zar war sehr zufrieden und ließ dem Erfinder hundert Rubel geben – Marconi seinerseits wurde mit der gleichen Entdeckung einer der reichsten Männer der Welt. Nach Popoffs Tod lebte seine Frau in großer Armut, bis ihr der Sowjetstaat eine Rente von 225 Rubel pro Monat ausstellte.

Der Blick schweift über die großen, kahlen Berghänge zur Quelle des Ingur hinauf. In der Ferne sieht man die Türme des mittelalterlichen Ushkul, des höchstgelegenen Dorfes von Europa auf 2 300 m. Dort hatten am Zaga-Paß 35 Swanen mehr als 10000 Russen die Stirn geboten, um ihre Unabhängigkeit zu verteidigen.

Doch über das Tal hinaus wird der Blick im Norden von einem grandiosen, unglaublich hohen Massiv angezogen. Wie Riesen thronen auf 5 000 Meter Höhe der Tetnuld und der Shkara im Nebel. Ihre 1 000 Meter lange Kette besitzt zehn Gipfel, die höher sind als der Mont-Blanc. Kein Paß liegt unter 3 300 Meter. Die eingekesselten Täler sind völlig von der Umwelt abgeschnitten, die verschiedenen Rassen, die dort Zuflucht gesucht haben, sind alle einander fremd – kultivierte Asiaten, Juden, primitive arische Völker, Mohammedaner...

Wie verlassen scheinen die Dörfer des Tals, wie verloren am Fuß dieser Riesen! Es ist Sommer, und schon ist Schnee auf das kaum erst geschnittene Heu gefallen. Kann es einen da wundern, daß die Bewohner dieser ungastlichen Region anders denken und empfinden als wir?

Als einmal ein Vater seinen kranken Sohn zu einem Arzt brachte, der in enger Beziehung zu einer Familie stand, die mit der des Vaters verfeindet war, und unglücklicherweise das Kind starb, dachte der mißtrauische Vater sofort an eine indirekte Blutrache. Er grub die Leiche des Sohnes wieder aus, um sie untersuchen zu lassen. Dazu mußte er die weite Reise nach Tiflis unternehmen. Dort erhielt er ein Autopsie-Gutachten, das Spuren von Opium erwähnte. Mit diesem Bescheid ging der Vater in sein Dorf zurück, lud den Arzt zu einem Glas ein und gab ihm dann den Autopsie-Befund zu lesen. Dann tötete er ihn mit einem Dolchstoß in den Rücken. Bevor er wegging, spießte er mit einem weiteren Kinjalstich den Autopsie-Befund an die Brust des Opfers. Danach zog er sich in seinen Turm zurück, wie man in Korsika in den Maquis geht. Drei Tage blieb die Leiche liegen. Aus Furcht, in die Blutrache hineingezogen zu werden, wagte niemand, sie wegzutragen. Diese Geschichte ist deshalb so erstaunlich, weil der Vater, ein Kommunist, ein vielgereister, überlegter und weitsichtiger Mann war. Doch die jahrhundertealten Bräuche leben beharrlich weiter.

Sich mit neuen Ideen auseinanderzusetzen, sein Leben zu modernisieren, das ist relativ einfach. Das Schwierigste ist, die im Herzen der Menschen verwurzelten alten Gewohnheiten auszurotten. In diesem Bereich ist der Kommunismus unermüdlich tätig. So wird das Gesetz der Blutrache in einem ausgezeichneten Film in Form einer Komödie kritisiert. Zwei junge Männer aus rivalisierenden Familien sind tödlich verfeindet. Doch im Militärdienst, wo sie zwangsläufig zusammenleben müssen, werden sie nach und nach enge Freunde. Als sie in ihre Heimat zurückkehren, zwingt sie die öffentliche Meinung, sich wieder wie Feinde zu benehmen, und sie tun so, als versuchten sie, einander umzubringen. Langsam, im Verlauf von tragikomischen Szenen, in denen ein weißes Huhn die »Star«-Rolle spielt, gelingt es ihnen, ihre Freundschaft gegen die Forderungen des kaukasischen Ehrenkodex durchzusetzen.

Wie ist doch das Leben seltsam und schön! Wer hat da behauptet, es gäbe nichts Neues unter der Sonne?

Ist es denn nicht neu, daß schon bald eine Straße nach Swanethien führen und den Salzpreis von sieben Rubel auf sechzig Kopeken senken wird? Ist es denn nicht neu, daß die Frauen von der Türkei bis nach Afghanistan mit unverschleiertem Gesicht offen in die Welt zu blicken wagen?

Nur der Kaukasus scheint unveränderlich!...

Unsere Gruppe hat mich abgehängt. Meine Kameraden sind nur noch als kleine, schwarze Punkte, die sich im Weiß der Schneefelder verlieren, erkennbar. Ich muß diesen faszinierenden Bergen den Rücken kehren, ihnen Lebewohl sagen und weiterziehen nach Süden, wo es, wie behauptet wird, sonnige Meeresstrände mit Palmen geben soll.

10

DEN TSKHENIS TSKALI HINUNTER

Der Südhang des Latpar ist so steil, daß kein Schnee darauf liegen bleibt. Hinterhältiges Geröll gleitet ständig zwischen den fetten Grasbüscheln weg. Ich entwickle ein Abrutsch-System per Alpenstock, das kranke Bein in der Luft... eine sichere Methode, um warm zu werden.

Während die anderen eine längere Ruhepause machen, um auf Elena zu warten, gehe ich schon weiter, auch die steilsten Abkürzungen auf einem Bein hinunterhüpfend. Die Landschaft wirkt auf jemanden, der eben noch in den Schneestürmen steckte, geradezu zauberhaft: Azaleen, Haselnußbüsche voll rötlicher Früchte, elegante Pappeln und zarte blaue Blumen zwischen den riesigen, vornüberhängenden Farnkräutern. Der Anblick von glänzenden, in der Sonne rauschenden Birken stimmt mich fröhlich und heiter. Manchmal gibt eine Lücke zwischen den Bäumen die Sicht auf Chuluri und das grüne Tal frei.

Die unter Zarubas Stiefeln wegspickenden Steine machen Lärm wie eine Lawine. Er fragt mich, ob Frankreich eine bedeutende Armee habe und ob es stimme, daß die kapitalistischen Länder einen Überfall auf die Sowjetunion vorbereiteten.

Auf der ersten Wiese machen wir halt, um Reis mit Büchsenfleisch zu kochen. Kaum angekommen, setzen sich alle hin und ziehen mit einem Seufzer der Erleichterung die Schuhe aus.

Nun gehen wir das Tal des ungestümen Tskhenis Tskali hinunter. Vieh versperrt den Weg, lächelnde Einheimische beantworten endlich wieder einmal unsern Gruß: »Sdrasti«. Meine Gefährten stören mich beim Marschieren, entweder versperren sie mir die freie Sicht, oder es pfeift einer auf eine Art, die mir nicht gefällt. Ein anderer macht mit den steifen Sohlen häßliche Abdrücke in die Erde – ein unerträglicher Anblick, wenn man noch den geschmeidigen kaukasischen Gang vor Augen hat.

Am liebsten gehe ich ganz vorne. Es macht Spaß, die Straße zu entdecken und, wenn man ein wenig Orientierungssinn hat, an Kreuzungen die Richtung zu wählen, und es macht Spaß, als erste die Einheimischen zu überraschen, ihre erstaunten Blicke zu sehen.

Aber nun marschiere ich schon lange, habe mehrere Pausen gemacht, um auf die andern zu warten, habe gerufen... und bin immer noch allein auf weiter Flur. Habe ich mich vielleicht im Weg geirrt? Hätte ich doch die Brücke zu meiner Linken überqueren sollen, der ich keine Beachtung geschenkt habe, weil ich auf der Sonnenseite des Tals bleiben wollte?

Bei einem weißgestrichenen Bauernhof schenken mir drei Männer und zwei Frauen zwei Birnen und bestätigen mir, daß ich auf dem richtigen Weg nach Lentekhi bin. Ich spähe ans andere Flußufer hinüber und erblicke plötzlich meine Kameraden auf der Schattenseite.

»Gibt es weiter unten eine Brücke, über die ich wieder zu ihnen gelangen kann?« frage ich. Die Frau, die mir die Früchte geschenkt hat, versichert es mir, und ich kann den Anblick der Sonne am Himmel und der Birnen an den Bäumen unbesorgt genießen. Man muß die trostlosen Abhänge des Ushkul hinabgestiegen sein, um zu verstehen, was das bedeutet...

Bei einbrechender Dämmerung sind wir wieder alle beisammen. Wir sind heute erst 20 Kilometer weit gekommen, für morgen bliebe noch eine Etappe von 48 Kilometern. Das ist zuviel, wir müssen weitermarschieren. In der Dunkelheit schreiten wir wie in Trance einher. Vor einem verlassenen Haus, dem Schulgebäude, halte ich fast widerwillig an, die anderen folgen meinem Beispiel. Da alles geschlossen ist, verbringen wir die Nacht auf dem Gang.

Heute sind wir zum erstenmal vor Sonnenaufgang aufbruchbereit. Das Tal ist hier unbewohnbar, eingekesselt zwischen Felswände, später wird es breiter und bildet einen kleinen runden Platz, wo drei Bäche zusammenfließen. Vor einer niedrigen Gaststätte aus braunem Holz halten wir an. Der Herd steht beim Fenster, und die Vorbeigehenden können sehen, was gekocht wird. Diesmal sind wir wirklich im Süden! Ich kenne diese Herde, sie gleichen denen der »Khanis« in Kreta.

Wir sind ausgehungert und essen alle eine Doppelportion Schaffleisch, während wir die auf der Straße vorbeiziehenden prächtigen Reiter mit Kinjal, Burka und Kabardinka bestaunen. Glas und ich haben Probleme mit den Schuhen, die Sohlen lösen sich. Mit Nadel und Schnur versuchen wir, unsere Stoffschuhe zu flicken. Das Stück Stoff, das in den Felsen oben geblieben ist, ersetze ich durch eine wirkungsvolle, luftige Stickerei, so können auch meine Zehen etwas von der Reise sehen.

Nach einem brüsken Knick fließt der Tskhenis Tskali nach Süden, der Weg dem steilen Ufer entlang ist manchmal geradezu überhängend. Wir begegnen einigen Swanen, dann einer Maultierkarawane, die Salz transportiert. Am gegenüberliegenden Ufer verlaufen zwei Telefondrähte.

Beim Verpflegungshalt am Nachmittag schlafe ich beinahe ein. Sobald die Makkaroni gekocht sind, bilden wir vier Dreiergruppen, jede Gruppe nimmt einen Topf und sucht sich einen Platz. Dann herrscht Stille, die nur gelegentlich vom Kratzen eines Löffels auf dem Aluminium unterbrochen wird.

Ein letztes Mal brechen wir auf. Wir werden keinen Halt mehr machen bis Orbeli, wo wir für morgen Lineiki beschaffen werden. Orbeli – diese hellen Silben klingen in meinem Kopf und verbinden sich mit der Vorstellung von Sonne, Früchten, Überfluß!

Wenige Häuser, einige Schweine, kleine Felder, Mais, dessen lange Blätter unordentlich herunterhängen, als ob sie vom vielen Wachsen müde geworden wären. Ein Einheimischer mit schönen, freundlichen Augen und einem braunen Turban hat sich unserer Gruppe angeschlossen. Wir bieten ihm Zigaretten an. Er zeigt uns die Quellen mit gutem Trinkwasser. Schweigend setzt er sich neben uns, wenn wir anhalten.

Plötzlich wird das Tal enger und bildet eine Art Pforte, in der eine Brücke über den Bach führt – die erste Steinbrücke seit Nal'chik. Es dämmert. Mit Erstaunen erblicken wir die zahlreichen elektrischen Lichter von Tsageri zu unserer Rechten.

»Zivilisation!« ruft Jascha ernsthaft aus.

Wir erreichen die flache Straße, wo ich endlich den Fuß absetzen kann, ohne ständig Angst haben zu müssen, wegen eines Schlammlochs plötzlich einzusinken. Aber die Erholungspause dauert nicht lange. Wir verlassen die Straße und stolpern wieder im dunklen Morast umher. Ich gehe als letzte unter den Bäumen der Steinmauer entlang, mein Bein ist steif vor Anstrengung. Jascha und Glas helfen mir nach allen Kräften.

Michail, unser Führer, hat sich geirrt. Hat er eine Abkürzung verpaßt? Er ruft einen Kollegen. Das ist das erste Mal seit drei Tagen, daß er einen Laut von sich gibt. Wir ändern die Richtung und steigen durch Maisfelder auf einen nicht enden wollenden Hügel. Steht uns nochmals ein Paß bevor? Wir nennen ihn scherzhaft den Mond-Paß, denn der Weg scheint direkt zum leuchtenden Gestirn hinaufzuführen. Endlich erreichen wir die Höhe. Wir verlassen das Tal des Tskhenis Tskali und steigen dem Lauf eines Rioni-Zuflusses entlang nach Orbeli ab.

* * *

Kulikoff, der auf seinem Pferd vorausgeritten ist, um unsere Ankunft zu melden, kommt uns entgegen und ruft:

»Einen Rubel für ein Kilo Birnen! Wein und Fleisch warten auf uns in der Gaststätte!«

Die Basis neben einer großen Eiche am Hang eines in mildes Licht getauchten Hügels bedeutet die Endstation unseres 160-km-Marsches. In der Gaststätte steht der Tisch für uns bereit: Ragout und nahrhafte Maisfladen. Der Horizont ist so friedlich, daß man vergißt, daß der Wein ein wenig sauer ist.

Wir verbringen eine ausgezeichnete Nacht im Heu. Beim Aufstehen beißen alle geräuschvoll in eine der grünen, harten Birnen.

Die Sicht von unserem Platz aus ist unbeschreiblich. Das eigenartige Licht, klar und gleichzeitig voll von rosigem Goldstaub, gibt den Entfernungen etwas Unwirkliches. In der Ferne liegt ein kleiner, harmonisch geformter Berg aus himbeerfarbener Erde. Kleine Höcker werfen regelmäßige, schwarze Schatten und bilden ein faszinierendes Muster. Die Landschaft strömt Ruhe aus. Rechts eine große Eiche, links ein kleiner Hügel, im Vordergrund eine Kokospalme mit hängenden Blättern… nein, es ist eine Akazie, an die man, dem Brauch entsprechend, ein Bündel getrockneter Maisstengel gebunden hat.

Die Lineiki sind angekommen. 68 Kilometer trennen uns noch von Kutais, der Hauptstadt Imeretiens, dem einstigen Kolchis. Die Swanen behaupten, daß Kolchis ihnen gehöre, denn sie als einzige haben im Nenskra-Tal (im Süden des El'brus und des Shiber-Passes) Gold gefunden. Sie haben Öfen entdeckt, die in Steinhöhlen gegraben und so ausgerichtet waren, daß der einfallende Wind das Feuer anfachen konnte.

Wir folgen dem Ufer des Landshanura am Fuß des Himbeer-Berges, der seine seltene Farbe verloren hat. Seine schwarzen Höcker entpuppen sich beim Näherkommen als Fuder von getrocknetem Mais.

Unser Fahrzeug ist außerordentlich einfach: ein Wäschekorb auf zwei Rädern aus Holzscheiben, der von einem Pferd gezogen wird. Wenn das Tier in Trab verfällt, wären diese Baldachinwagen eher dazu geeignet, aus Milch Butter zu machen, als ehrenwerte Touristen mit Muskelkater zu transportieren.

Wir kommen ins Rioni-Tal. Bei einer Gaststätte, wo die Bauern auf den Bus warten, sind wir in die Militärhauptstraße Ossetiens eingebogen, die von Kutais nach Vladikavkaz (Südkaukasus) führt. Der Rioni ist breit. Schluß also mit den wackligen, kleinen Hängebrücken. Die Straße ist staubig, und Autos fordern freie Bahn.

Große Tabakblätter, die wie mit Formen ausgestochen scheinen, stehen dunkel in den Feldern. Dann begegne ich dem ersten Kastanienbaum, glänzende, spitze Blätter schützen die Früchte, die wie blasse Seeigel wirken. Weiter hinten ein großer, heller Nußbaum, dessen reife Früchte schon die Schalen sprengen, und ein Feigenbaum. Je weiter hinunter wir kommen, desto mehr fast vergessene Gerüche entdecken wir… eine beglückende Begegnung mit Vertrautem nach langer Anstrengung, die kein Geographiebuch vermitteln kann. Aprikosenbäume, Zikaden, Weinstöcke. – Goldenes Imeretien, das mir nach den Schneewüsten wie das gelobte Land Kanaan erscheint. Das Zentralmassiv in umgekehrter Richtung zu überqueren muß ebenfalls großartig sein. Die reichen Gebiete in Richtung Norden verlassen, nach und nach den Gütern der Erde Lebewohl sagen, die Augen auf die strenge Kette gerichtet, deren Höhen es zu erobern gilt.

Doch im Moment zählt nur die Gegenwart. Der Anblick des Berges, wo Prometheus von den Geiern gefressen wurde, berührt mich nicht mehr.

In den Gaststätten kann man uns nichts anbieten. Zum Glück sind unsere Vorräte noch nicht erschöpft. Ein Auto fährt mit viel Lärm und Staub vorbei – verzweifeltes Gackern, Geschrei der Passanten:

»Ein Huhn ist überfahren worden!«

Das Auto ist verschwunden, aus der Gaststätte kommt ein Mann, dreht dem Tier den Hals um und ruft:

»Halunke, dich erwische ich noch! Das macht sieben Rubel!«

Kutais bei Nacht. Morgen abend fährt in Batum am Schwarzen Meer das Schnellschiff nach Sochi an der kaukasischen Riviera ab. Meine Kameraden wollen so rasch wie möglich ans Meer, um dort noch einige Ferientage zu verbringen. Damit wir das Schiff nicht verpassen, müssen wir Kutais noch diese Nacht verlassen.

Der Zug ist überfüllt. Ein freier Platz im dritten Stock des Wagens, zwischen den Stiefeln eines Armeniers und den Mokassins eines Ossetiers, dient mir als Schlafstätte. Ich schlafe genau so gut in einem Gepäckträger wie in einer unablässig rüttelnden Lineiki. Allerdings setzt das voraus, daß ich völlig übermüdet bin.

Am andern Morgen schleppe ich mich im Bahnhof von Batum verschlafen hinter den andern her. Schließlich landen wir auf einem Randstein und wissen nicht so recht, was mit dem Tag anfangen. Drei kleine armenische Schuhputzer spielen mit ihren Bürsten und sprechen die Passanten an. Sie sehen aus wie Taugenichtse, diese Jungen mit den Greisengesichtern, den geschorenen Schädeln, den gebogenen Nasen und den kohlschwarzen Brauen und Augen... wovon leben die vielen Schuhputzer im Sommer, wenn die ganze Bevölkerung in Stoffschuhen geht? Ich flicke meine Stoffschuhe mit Spitzen und gebe meine riesigen Stiefel einem kleinen Schuhputzer, der seine Schwierigkeit haben wird, all den kaukasischen Dreck zu entfernen. Er schmiert ganz einfach eine braune Wichse darauf, die alles verdeckt, zum Glänzen zieht er sie an, obwohl sie ihm bis zur Mitte der Oberschenkel reichen. Schmierig, aber glänzend bringt er sie mir zurück und verlangt 40 Kopeken statt wie gewöhnlich 25. Ich habe nur 30 Kopeken bei mir und gebe ihm diese. Verächtlich gibt er sie mir mit den Worten zurück:

»Dein Almosen brauche ich nicht!«

Bis zur Abfahrt der »Grusia« können wir unsere Säcke im Club der Roten Armee unterstellen und auch dessen Buffet benützen. Sobald wir die Säcke aufgeschnallt haben, springt der kleine Armenier auf: »Was, du wagst es wegzugehen, ohne zu zahlen?«

»Aber du willst ja mein Geld nicht, und außerdem willst du mich bestehlen!«

»Gib schon«, antwortet er.

* * *

Jeder von uns teilt seinen Tag nach seinen Bedürfnissen ein. Ich gebe Sowchoses inständigem Bitten nach und gehe ins Krankenhaus, um mir eine Spritze gegen Tollwut geben zu lassen.

Auf dem Basar nichts als riesige Mengen von Wassermelonen. Ich bin enttäuscht. Hier, am Berührungspunkt von Türkei, Georgien, Armenien und dem nahen Persien, hoffte ich einen Basar aus Tausendundeiner Nacht anzutreffen! Am Straßenrand werden kaukasische Büffel mit Hufeisen beschlagen. Die massigen Tiere liegen auf der Erde, die zusammengebundenen Hufe in die Luft gestreckt und an einen Balken gebunden, den Kopf mit einem Horn an den Bauch festgemacht. Im Schatten seines Baschlik beugt sich der Schmied über die Hufe.

Das niedrige, weiße Krankenhaus liegt am Rande der Stadt. Im Wartezimmer sitzen einige Arbeiter und schwarz gekleidete Frauen. Sie tragen einen kleinen, runden Teller auf dem Kopf, von dem das große seidene Kopftuch herabfällt; ein Zipfel verdeckt das Kinn. Sie haben riesige Augen mit dunklen Wimpern…

Ich zeige dem Arzt das Loch in meinem Bein. Ein Arzt wie irgendein Arzt, eine Krankenschwester wie irgendeine Krankenschwester, in einem Gefäß auf einem Petroleumkocher liegen blitzende Nadeln und Zangen.

Der Hund aus dem Kaukasus war ein reinrassiger Afghane. Diese Rasse schlägt sogar Wölfe in die Flucht. Um seinem Biß auszuweichen, hätte ich mich nur niederknien müssen. Der Arzt ist bereit, mir sofort eine kostenlose Spritze zu geben, aber ich müßte dann noch weitere erhalten. Dazu habe ich keine Lust, ich weiß, daß mich eine Serie solcher Spritzen sehr schwächen würde, und ich möchte mich lieber an einem sonnigen Strand ausruhen und mein geschwollenes Bein massieren. Schließlich war der Hund nicht tollwütig, die andern haben sich umsonst Sorgen um mich gemacht. Beim Weggehen entschuldige ich mich.

Mit einer Droschke besichtigen wir die Stadt. Im Hafen, im Wasser des Schwarzen Meeres, liegt unser Schiff, den »Blue Peter« am Mastkorb oben. Auf der anderen Seite des Hafens werden an der Pipeline, die aus Baku am Kaspischen Meer kommt, Ölschiffe beladen. Batum liegt in Adzharistan, einer Sozialistischen Sowjetrepublik, das beweisen schon die Straßennamen. An der Kreuzung der Dritten Internationale- und der Leninstraße begegne ich zwei wandelnden Särgen: Ich bleibe wie angewurzelt stehen: die ersten verschleierten Frauen, die ich sehe!

Ein glänzendes Minarett thront über der Moschee, dem Eingang gegenüber befindet sich das Becken, in dem die Gläubigen ihre Waschungen machen, zwischen den beiden Türen schläft jemand in einem Bett.

Ich verzichte auf die Besichtigung des schönen Cap Vert, wo alle Tropenpflanzen der Welt wachsen: Bambus, Bananenpalmen, Teebäume, Mandarinenbäume, Magahoni... das einzige, worauf ich Lust habe, ist ein heißes Bad. Auch wenn Gischtschenko beteuert:

»Aber Ella Pawlowna, wir finden dich überhaupt nicht schmutzig!«

Am Strand, in der Nähe eines öffentlichen Parks, lasse ich mir in einer anständig aussehenden Badeanstalt ein heißes Bad einlaufen. Doch als ich hineingehen will, merke ich, daß es Meerwasser ist, der Feind jeder Seife.

Mein Bein nachschleppend, gehe ich wieder in die Stadt, wo ich auch finde, was ich suche. Aber ich muß eine Stunde lang warten, bis ich an die Reihe komme. Die ebenfalls wartenden Einheimischen sprechen mich in den 29 verschiedenen kaukasischen Dialekten an – erfolglos. Endlich spricht ein alter Mann russisch mit mir. Zu den anderen sagt er:

»Sie kommt von sehr weit aus dem Norden.«

Mikhail, der Bademeister, geht auf dem fliesenbelegten Korridor hin und her, die Sandalen an seinen nackten Füßen klappern auf dem Boden. Für einen Rubel kriegt man ein Badezimmer ganz aus Marmor mit gotischer Spitzbogendecke, in die äußerst schmucke, runde Glasfenster eingelassen sind.

Saubergeschrubbt und wieder wohl in meiner Haut gehe ich zum Hafen hinunter. Kleine Schiffe sind am Quai festgemacht. An einem Landungssteg wird in aller Hast ein Schleppkahn frisch gestrichen. Plötzlich werde ich von hinten angesprochen: Der Kassierer der Badeanstalt fragt mich, ob ich auch nichts vergessen habe, dann lädt er mich zu einem Kaffee ein! Soll ich seine Unverschämtheit mit einem vernichtenden Blick strafen? Aber vielleicht ist das auch einfach Brauch hier? Geht er mit allen Kundinnen so um? Ich gebe keine Antwort, und der Mann zieht sich zurück.

Vor einem großen Tor sitzt eine alte Frau auf einer sonnigen Schwelle. Ich spreche sie auf russisch an, doch sie versteht mich nicht. Ohne zu wissen warum, sage ich plötzlich einige Wörter auf

Neugriechisch, und siehe da, ihr Gesicht hellt sich auf: Sie hat verstanden. Mit ihren strahlenden Augen blickt sie mich an, während sie weiter die Spindel dreht. Einst reichte das griechische Ionien bis hierher. Das »Sto kalò«, mit dem ich mich verabschiede, macht sie glücklich.

Am Abend versammelt sich unsere Gruppe am Schiffsquai. Zwischen dem Gepäck sitzen viele Menschen auf Teerbalken und warten. Plötzlich erhält man die Erlaubnis, an Bord zu gehen. Alle schlucken die Nuß, an der sie herumgekaut haben, hinunter, nehmen ihren Sack und stürzen zum Steg – ein hirnverrücktes Schieben und Stoßen, das für die Alten und Schwachen völlig erschöpfend sein muß. Der Beamte ist überfordert. Ich steige schwarz ein, da ich Lubimow, der meine Fahrkarte hat, nicht mehr erreichen konnte. Auf der Suche nach den Schlafsälen dritter Klasse stürze ich in den Bauch der »Grusia«, wo ich mehrere Liegeplätze belege. Jascha hat das gleiche Meisterstück in einem andern Schlafsaal zustande gebracht. Aber es ist zu heiß im Schiffsrumpf. Ich suche auf Deck nach einer Ecke, wo ich an der frischen Luft schlafen kann. Decks, Gänge, Stege sind voll von Körpern, Decken und Gepäck. Ich steige über alles hinweg und finde einen freien Platz vor den Kabinen erster Klasse. Glas ist in der Nähe, auch er meidet den Schwitzkasten des Zwischendecks. Eine großartige Nacht. Das gekräuselte Meer glitzert und scheint direkt unter einem wegzufließen. Ich schlafe ausgezeichnet, nur beim Zwischenhalt in Poti werde ich kurz von den aussteigenden Passagieren gestört, die über meine Füße stolpern.

Während wir in Sukhumi halten, dämmert der Tag, zwei von uns verabschieden sich. Allmählich splittern wir uns auf. Am Mittag essen wir im Restaurant dritter Klasse. Hier wie anderswo muß man schlau sein und seinen Essensgutschein für einen der drei Gänge eine Stunde zum voraus kaufen, wenn man nicht eine Ewigkeit in der Schlange anstehen will. Drei Minuten vor unserer Essenszeit treffen wir uns, benützen die Ellbogen, um in die Nähe der Türe zu gelangen, drücken die Menge an die Wand des schmalen, dunklen Korridors, schwenken den Gutschein und entschuldigen uns für unsere Rücksichtslosigkeit mit dem Wort »Touristengruppe«!

Das Wort Tourist steht hier in großen Ehren. Es bezeichnet jemanden, der sich hat organisieren können, der die durchstreiften Gegenden studiert hat, der liest und vergleicht und der, wenn er zurückgekehrt ist, mit seinen Erfahrungen für das Regime nützlich sein kann.

11

DIE KAUKASISCHE RIVIERA

Es tut gut, wieder auf Deck zu gehen und das blaue Meer zu bestaunen. An der Küste folgt ein Badeort dem anderen. In der »Prawda« gab es übrigens kürzlich eine witzige Karikatur über die Erholungsheime am Meer: Ein Arbeiter will sich auf einem Liegestuhl ausruhen. Drinnen – das sieht man durch das Fenster hinter ihm – werden Betten hin- und hergeschoben, eine Kellnerin läßt einen Stapel Teller fallen, aus dem Lautsprecher hallt laute Musik, jemand spielt Klavier, in einer Ecke findet ein Gymnastikkurs statt, auf einem Fenstersims putzt sich ein Knabe die Zähne und ein Tennisball fliegt in eine Scheibe.

Vor uns tauchen die hohen Hügel von Gagra auf. Passagiere steigen mit ihren bunten Gepäckstücken in die leichten Hafenboote um oder umgekehrt von diesen auf die »Grusia«. Wie viele Passagiere mag es wohl an Bord haben? Zur Ferienzeit pilgert ganz Rußland ans Schwarze Meer, vor allem seitdem das Reisen für alle erschwinglich geworden ist. Aber auch im Winter herrscht reger Schiffsverkehr, denn die Eisenbahnlinie der Küste entlang ist noch nicht völlig fertiggestellt.

Sochi! Nun sind wir es, die zum Ausgang stürzen, um nicht zwei Stunden bis zum dritten oder vierten Hin und Zurück des Umsteigebootes warten zu müssen. Am Ufer ein großer Neubau mit geometrischen Linien, das Hotel »Riviera«, Häuser zwischen viel Grün und in der Ferne die Kette des Kaukasus... Keine Spur von Hafen, nur eine kleine Anlegestelle für unser kleines Schnellboot. Auf dem Kieselstrand warten wir, bis wir vollzählig sind, um meine Übernachtungsmöglichkeit zu besprechen. Ich kann leider nicht nach Khosta in eines der Ferienheime, in denen meine Kameraden einen Platz reserviert haben. Wenn ich hier bleiben will, muß ich mir selbst eine Unterkunft suchen. Wie immer ist es Glas, der für die anderen spricht:

»Sie ist allein nach Rußland gekommen, sie wird schon eine Lösung finden, ich mache mir keine Sorgen um sie.« Das ist auch meine Ansicht, die andern brauchen sich nicht um mich zu kümmern. Nun habe ich eben niemanden mehr, der meine Bahn- oder Schiffsfahrkarte kauft, der besser als ich weiß, um welche Zeit man am vorteilhaftesten essen geht! Ich muß mich alleine zurechtfinden, aber ich liebe diese hautnahe Auseinandersetzung mit den Schwierigkeiten, es ist die beste Art, mit der Wirklichkeit in Berührung zu kommen.

Das gemeinsame Leben mit meinen Kameraden ist zu Ende. Ich werde nicht mehr sehen, wie Zaruba seine Stiefel auszieht und die breiten Stoffbänder, die ihm als Socken dienen, aufrollt; wie sich Gitschtschenko ungeschickt abmüht, das Loch in seiner Unterhose zu flicken, wie der schweigsame Goluscheff ordentlich sein Bündel packt und dabei jedes Stück in ein sauberes Tuch einhüllt! Schluß mit den Charakterstudien anhand der verschiedenen Arten, Rucksäcke zu packen.

Vor mir liegt das Unbekannte, das Unvorhergesehene. Wer weiß, vielleicht werde ich heute abend unter freiem Himmel schlafen? Es kann sein, daß die Unterkunftsfrage hier genauso unlösbar ist wie in Moskau. Ich schlage vor, daß man mir eines der Zelte überläßt. Doch zuerst gehen wir schauen, ob die Basis an der Migrelskaja-Straße noch offen ist.

Sie ist in Betrieb. Ich sage meinen Kameraden und Kameradinnen Lebewohl. Sie gehen zum nahegelegenen Bahnhof, um ihre Reise fortzusetzen.

* * *

Die Schlafsäle der Gesellschaft für Proletarischen Tourismus liegen im ersten Stock des Schulhauses. Im Gang sitzt der Verantwortliche der Basis vor einem Tisch mit Fächern voller Zettel, eine ungeduldige Gruppe steht um ihn herum. Dank der Neugierde, die ich wecke, gelange ich nach vorne, bevor ich eigentlich an der Reihe wäre, und zeige meine Rundreisekarte. Ich erhalte das letzte freie Bett. Die anderen, die nach mir kommen, werden zum Wartesaal des Bahnhofs geschickt. Kein Wunder, daß die russischen Bahnhöfe alle einem Zeltlager gleichen!

Der Frauenschlafsaal ist in einem kleinen Theatersaal eingerichtet, selbst auf der Bühne stehen Feldbetten. Junge Frauen, alleine oder in Grüppchen, ruhen sich aus oder essen eine Kleinigkeit. Einige von ihnen sind noch bleich, denn sie sind eben erst aus dem hohen Norden angekommen. Sie sind damit beschäftigt, einen letzten Nadelstich an ihren Strandkleidern mit den großen Rückenausschnitten anzubringen.

Ich habe Hunger. Wo soll ich essen gehen? Ich habe nur noch Zucker und Tee bei mir. Vor dem Haus habe ich den Kipetok entdeckt, und ich mache mir einen Tee, während ich auf einem Stein sitzend über meine unmittelbare Zukunft nachdenke.

Anstatt ein Restaurant in der Stadt zu suchen, gehe ich zum Bahnhofsbuffet. Auf dem palmenbestandenen Vorplatz stehen einige Luxusautos. Das Restaurant selbst ist proletarisch. Es gleicht denen, die ich schon kenne: die Kasse mit der Menükarte, die Wachstischtücher und überall Arbeiter und Bauern, gelegentlich ein Tourist, den man an seinem sauberen Hemd und seinem glattgekämmten Haar erkennt. Die Portionen zu 20 und 40 Kopeken werden rasch serviert. Ich fühle mich wohl.

Am Abend ist in der Basis bis in den Korridor, der zum Schutz vor Insekten mit Petrol gestrichen worden ist, jeder Zentimeter mit Matratzen belegt. Man schläft früh ein, die Müdigkeit muß ausgeschlafen werden. Am nächsten Tag gehe ich sofort nach dem Aufstehen ans Meer, ich bin so ungeduldig, daß ich auf das Tropfen-Waschbecken und den Basar auf dem Hauptplatz verzichte.

Eine Platanen-Allee, einige Zypressen, und schon bin ich am Strand, zur Linken breitet er sich endlos am Fuß einer Felsküste aus, zur Rechten wird er von der flachen Mündung eines kleinen Flusses abgeschlossen. Überall auf den Kieselsteinen liegen Menschen in der Sonne. Kinder, Mädchen und Knaben, spielen am Wasser und lassen ihre nackten Körper von den sanften Wellen umspülen. Dicke Matronen mit schlaffem, hängendem Fleisch, auch sie ohne Badekleid, überwachen wohlwollend ihre Sprößlinge.

Auch ich strecke mich aus, unter mir die Kleider und den Badeanzug, um die Kieselsteine etwas auszupolstern. Endlich kann ich mich bräunen... die weißen Spuren des einst unentbehrlichen Badeanzuges ausmerzen... Ich habe Äpfel und Brot mitgenommen, damit mich nicht der Hunger vom Strand vertreibt.

Immer mehr Badende kommen hinzu, die Zwischenräume zwischen den schon anwesenden Gruppen werden immer kleiner. Die jungen Frauen bleiben zusammen, man sieht auch einige Badeanzüge. Neu ankommende Frauen in dunklen, einfachen Kleidern suchen weibliche Nachbarschaft und verstecken, kaum ausgezogen, ihre weißen Körper im Meer. Die Mehrzahl der Badenden ist fantastisch braun, das Ergebnis mehrerer Wochen Ferien. Ich genieße es, die schönen, freien Menschenkörper in der Sonne zu betrachten. Hier würde ich gerne leben.

Ständig ist etwas los, ich kann aus Angst, etwas Interessantes zu verpassen, unmöglich einschlafen. Hier bindet ein Mann einen riesigen Büffel los und führt ihn ans Meer. Neben dem mächtigen Tier taucht der Mann, der nichts als seinen kleinen Bart trägt, ins Wasser und reibt sich kräftig ab. Ihm ist von den vielen Wagenladungen Kies, die er auf den staubigen Straßen transportiert hat, heiß geworden.

Ich beobachte meinen Nachbarn, er ist wunderbar braun und würde ohne weiteres den Wettbewerb von Florida gewinnen. Auf dem kurzgeschorenen Kopf trägt er eine kleine, bestickte Kappe. Er zieht einen Socken an. Plötzlich hält er inne, seine Aufmerksamkeit ist von irgend etwas ganz in Anspruch genommen, ein Lächeln spielt um seine Lippen. Nun schaue ich meinerseits in die gleiche Richtung: Ein nackter Mann steht bis zu den Knien im Wasser und ruft seiner dicken Frau etwas zu. Als Antwort wirft sie die Hose des Mannes ins Meer. Was ist los? Ein Ehekrach? Ganz und gar nicht. Der Herr will das Kleidungsstück im Meerwasser waschen. Ein paar Minuten später zieht der Herr seine Hose an, seine Frau taucht eine Bürste ins salzige Wasser und schrubbt ihn eifrig. Eine unwiderstehlich komische Szene unter der tropischen Sonne, die ich mit meinem Fotoapparat festgehalten habe.

Heute ist ein totaler Ruhetag. Ich schreibe meine erste Postkarte auf russisch, ich hatte Serge versprochen, von mir hören zu lassen. Durch die Platanenallee, die an einem Stadion vorbeiführt, kehre ich zur Basis zurück. Hier nimmt mich ein schönes Mädchen sofort in Beschlag. Ihr Gesicht mit den regelmäßigen Zügen und den langen Wimpern über den weit geöffneten, goldenen Augen ist mir auf Anhieb sympathisch. Stammt ihre Schönheit wohl von zirkassischen Vorfahren, die sich im Laufe ihrer Wanderung vom Norden in den Süden in Abkhasien niedergelassen haben?

Sie heißt Marussia, ist zwanzig und wohnt in Sochi. Im Winter arbeitet sie als Sportlehrerin. Im Sommer ist sie zusammen mit zwei Kameradinnen Wärterin in der Zweigstelle der Touristenbasis in der Gymnastikhalle der Platanenallee, jede verdient 40 Rubel pro Monat.

In den folgenden Tagen habe ich ihr oft auf der Bank vor dem großen Saal Gesellschaft geleistet. Sie fragt, ob es mich nicht langweile, allein zu reisen, ob mein Land mir nicht fehle. Gemeinsam haben wir den Arbeiter ausgefragt, der mit Rucksack und Eispickel, von der erbarmungslosen Sonne des El'brus oder des Tetnuld arg mitgenommen, in die Basis kam.

Marussia bittet mich, ihr Lieder aus meiner Heimat vorzusingen, und singt leise den Refrain mit, wobei sie die ihr unverständlichen Wörter ganz lustig ausspricht. Die durch die gestutzten Blätter fallende Sonne gibt ihrem schwarzen, zu einem Knoten glattgezogenen Haar einen goldenen Glanz. In meinem Taschentuch bringe ich ihr stibitzte Früchte. Da ich mir eine vegetarische Diät verschrieben habe, um mein Bein so rasch wie möglich zu heilen, bin ich gezwungen, fremden Bäumen einen Besuch abzustatten. Die Preise auf dem Markt behagen mir nicht, für einen Apfel oder einen Pfirsich zahlt man fünf bis zehn Kopeken.

Ein Ast hängt über dem Weg, der aber schon geplündert ist. Ein rascher Blick in allen Richtungen, niemand ist in Sicht, mit einem Satz bin ich auf dem Baum. Zwischen den Blättern hängen die kleinen, reifen Feigen wie riesige, schwarze Tropfen, aus dem abgerissenen Stiel tropft ein wenig weiße Milch.

Ich habe einen Lieblingsbaum, den ich jeden Tag besuche. Mit klopfendem Herzen stoße ich ein quietschendes Tor auf... Im Schatten der breiten Blätter ist der Boden voll von überreifen Feigen, sie fallen hinunter und zerplatzen mit einem dumpfen Laut, ohne daß jemand sie je aufliest. Die hellen, längsgestreiften Früchte gleichen Birnen. Wenn sie reif sind, platzt die sternförmige Narbe, und ein klebriger, durchsichtiger Saft fließt aus. Diese helle Flüssigkeit wird dick und bildet eine Art runden Harztropfen, den einzigen hellen Punkt im Schatten. Mit dem Fingernagel öffne ich die zarte Frucht und lege den weißen Samt in ihrem Innern frei, der wie lauwarmer, körniger Honig auf der Zunge zerfließt.

Unter einem Ast sind einige Früchte festgeklemmt, der Stern der Reife öffnet sich jeden Tag mehr und die Kerne ihres offenen Bauches treten zutage, vertrocknet sterben sie unter der Sonne, die sie zum Reifen gebracht hat.

»Was machen Sie da oben? Wer hat Ihnen erlaubt, den Garten zu betreten?« schreckt mich eine keifende Frauenstimme auf. Mit einem Satz bin ich auf dem Boden, und ich verabschiede mich mit den Worten:

»Weshalb lassen Sie diese Früchte verfaulen? Bürgerin, Kapitalistin!«

Lolidi, der junge Verantwortliche der Basis, hat die Augen ständig in seinen Papierkram versenkt. Ich frage ihn, ob ich meinen Liegeplatz für 50 Kopeken pro Tag noch etwa zehn Tage behalten könne. Er hebt seinen schwarzgelockten Kopf, und ein warmer Blick, ähnlich dem Marussias, strahlt mich an.

»Wenn Sie vier Rubel pro Tag haben«, sagt er, »können Sie ins Ferienheim der Gesellschaft gehen, dort sind Sie besser aufgehoben als hier an diesem Durchgangsort, und Sie erhalten drei Mahlzeiten pro Tag.«

Er selber geht regelmäßig dort essen. Diesen Mittag begleite ich ihn auf dem Weg den Hügel hinauf, mitten durch Obstgärten und Maisfelder.

* * *

Das schöngelegene Haus Palianka ist in Sonnenlicht getaucht. Liegestühle stehen unordentlich im Garten herum. Ein Gang führt in zwei Schlafsäle; unter einer Außentreppe liegt ein Stoß Holzscheite; ein niedriger, ebenerdiger Raum mit weißgekalkten Wänden ist mit zwei Tischen und vier Bänken ausgestattet. Aus der danebenliegenden Küche werden die Mahlzeiten durchgereicht, die man gegen Abgabe eines Gutscheins erhält. Suppe, Fleisch, Gemüse und Früchte – ein ausgezeichnetes Essen, und ich beschließe, mich einzumieten.

Lolidi erklärt mir, daß ich in der Progranitschaja-Straße wohnen werde, im großen Haus, das noch nicht für die Zubereitung vieler Mahlzeiten eingerichtet ist. Beim Verlassen des Speisesaals begegne ich einer Küchengehilfin, die in zwei Aluminiumkübeln mit übereinandergestapelten Abteilen den Verwaltern des großen Hauses ihr Essen bringt. Ich begleite sie. Wir gehen den ausgewaschenen Weg Richtung Meer hinunter, dann biegen wir nach Osten und folgen der Hauptstraße, zu deren beiden Seiten Gärten liegen. Es fahren wenige Autos, einige Autobusse und Bauernwagen. Nach

Unsere Zelte vor der Schule von Mestiya.

Ein Dorf am Ingur-Fluß.

Das Tal des Tskhenis Tskali in Georgien.

»Palianka«, das Ferienheim von Sowtourist.

Nacktbaden am Schwarzen Meer

Das Marine-Schulschiff »Towarischtsch« in Odessa.

Die berühmte Treppe von Odessa, bekannt durch Serge Eisensteins Film »Panzerkreuzer Potemkin«.

zehn Minuten sind wir angekommen. Das zweistöckige Haus liegt an der Straße zwischen Bäumen, in der Nähe eines Hotels.

Eine liebenswürdige Dame zeigt mir ein großes Zimmer mit neun Betten, ein einziges ist noch frei. Im Büro kaufe ich meine Gutscheine für Unterkunft und Essen. Dreimal pro Tag werde ich nun zu den Palianka essen gehen, manchmal über die Hauptstraße, manchmal direkt durch die Gärten oder aber über den oberen Weg, von wo aus man durch Gebüsch und alte Apfelbäume den weiten Horizont sieht.

Das Essen wird in drei Schichten für je zwanzig Personen serviert. Bei einbrechender Nacht gehen wir gemeinsam im Gänsemarsch über den oberen Weg zurück und singen im Chor die Lieder, die Mischa anstimmt.

Mischa ist ein großer, trockener Bursche mit gebogener Nase und einer braunen Locke, die ihm auf der Stirn tanzt. Mit seinen kräftigen Händen entlockt er der Handharmonika und der Gitarre erstaunlich zarte Töne.

Wir setzen uns auf eine Bank oder eine Treppenstufe vor unserm Haus, und das Konzert geht weiter. Die Gesänge sind unvergeßlich, ich verstehe die Worte zwar nicht, aber sie entführen mich in die Tiefe eines dunklen Waldes... zu einem winzigen Wasserfall, der in der Sonne prasselt... oder auf eine trockene Heide, über die heldenhafte Ritterheere stampfen.

Gewisse Strophen, die die Schönheit des Landes besingen, zwingen auch diejenigen, die bisher stumm waren, zum Mitsingen, nicht nur aus ganzem Herzen, sondern, wie es scheint, aus allen Eingeweiden heraus: Sie lassen das Unaussprechliche aus sich herausströmen... die große Liebe zu ihrem Land.

Dann stimmt Mischa mit bezauberndem Lächeln ein ukrainisches Tanzlied an. Alle klatschen mit den Händen den Rhythmus und wollen, daß Vera Alexejewna tanzt. Vera ist eine schelmische Frau in den Dreißigern mit auf die weiße Haut aufgemalten Augenbrauen. Ihr wasserstoffblondes Haar wird von einem kleinen Soubrettenhütchen mit leichten, weißen Spitzen zusammengehalten. Sie tanzt mit unglaublichem Schwung. Sie schaut sich nach einem Partner um, doch niemand kennt die Schritte. Da tritt ein kleiner Mann ungeschickt, aber voll guten Willens unter allgemeinem Gelächter vor. Mit einer Viertelsekunde Verspätung wiederholt er linkisch Veras Bewegungen, ihr Armschlenkern, ihr Spiel mit dem Taschentuch, doch als sie ihre zu großen, störenden Schuhe auszieht, um barfuß weiterzutanzen, gibt er sich geschlagen.

Vera Alexejewna hat sechs Jahre am Leningrader Ballett getanzt. Sie kommt aus Nishni-Novgorod, wo sie heute Gymnastik- und Tanzkurse leitet.

»Das ist sehr wichtig«, erklärt sie, »man muß sich um die Jugendlichen kümmern, die Zukunft in die Hand nehmen.«

Sie scheint von allem entzückt zu sein und durchsetzt ihren Wortschwall mit zahlreichen »charascho« (gut).

Im Vergleich zu den anderen Gästen scheinen sie und Mischa vor Lebensfreude überzusprudeln. Nein, jetzt vergesse ich den Advokaten, ein Großmaul mit vorstehendem Kiefer, einem ergrauenden, struppigen Schnurrbart und schwarzen Augen, der die ganze Zeit Witze zum besten gibt.

Die Namen meiner Zimmergenossinnen habe ich zwar nicht behalten, doch ihr Bild hat sich mir eingeprägt. Das Bett am Fenster gehört einer kleinen Frau mit schmalen Schultern unter den dünnen Trägern ihres gelben Strandkleides. Ihre schönen, blassen Augen schielen ein wenig nach den beiden Seiten ihrer Adlernase. Ihr dichtes Haar ist braun und gekraust. Sie ist Elektro-Chemikerin, vielleicht hat sie sich die Augen durch zu genaues Verfolgen der Elektrolysen verdorben?

Eine andere hinten im Zimmer steht genauso spät auf wie ich. Sie ist hübsch und hat große Eulenaugen im runden, blassen Gesicht. Beim Gehen macht sie kleine, steife Schritte. Mit Erstaunen habe ich erfahren, daß sie verheiratet und Mutter eines kleinen Mädchens ist. Sie ist Doktorin der politischen Ökonomie und arbeitet in einem staatlichen Büro.

Das vierte Bett gehört einer großen, schlanken Frau mit einem schwarzen Band um die schmale Stirn. Sie ist Telefonistin im Leningrader Fernmeldeamt. Heute war ich von ihr enttäuscht. Sie hat Besuch bekommen von ihrem Mann, der im Nachbarhotel angekommen ist: ein kleiner, dicker Mann mit Schnurrbart, ein völlig nichtssagender Typ. Was sieht sie an ihm? Es ist mir wirklich schleierhaft. Jedenfalls ist es nicht Berechnung, wie das bei uns der Fall sein könnte, denn ihre Arbeit macht sie finanziell unabhängig...

Meine Nachbarin ist eine fabelhafte Frau. Sie lag zwei Monate im Krankenhaus, wo man ihr nach dem Biß eines tollwütigen

Hundes 60 Spritzen verabreicht hat. Sie ist erst seit drei Tagen hier, doch ihre Haut ist schon goldbraun und hat die gleiche Farbe angenommen wie ihr Haar. Ihr Nacken mit den Farbtönen von gebackenem Brot glänzt von Vaseline.

»Das sind meine drei großen Söhne«, sagt sie und zeigt mir ein Foto, »sie sind prächtig, nicht wahr? Sie gleichen ihrem Vater. Ich hatte sie sehr jung. Es ist unglaublich, wie Schwangerschaften eine Frau verunstalten… Wie sehe ich doch mit meinen 35 Jahren aus!«

Sie ist zwar schön, aber ich verstehe, was sie meint: Sie denkt an ihren gefleckten Bauch voller Schwangerschaftsstreifen, den ich am Strand im vollen Sonnenlicht gesehen habe. In meiner Erinnerung verkörpert sie das Rußland, das neue Söhne für eine bessere Zukunft auf die Welt gebracht hat.

Wir kommen alle gut miteinander aus in unserm Zimmer. Es gibt keine falsche Scham beim Umziehen, selbst nicht bei der kleinen Alten mit dem Samtband, die in einem Wohnkomitee arbeitet. Innerhalb von zwei Tagen hat auch die junge Frau mit den Eulenaugen die Gewohnheit, sich unter dem Leintuch auszuziehen, abgelegt.

Mit Henriette gehe ich ans Meer. Wir sind am »gehobeneren« Ende des Strandes. Die Leute hier sind alle gut gekleidet. Auf einem Schild steht rechts »Männer«, links »Frauen« angeschrieben. Wir legen uns an die Sonne und überwachen das Töchterchen unserer Verwalterin.

Henriettes einziges Kleidungsstück besteht aus einer Zeitung, die ihre große Nase schützt. Sie bräunt sich mit Methode. Sie ist seit fünf Jahren Kinderärztin in Leningrad. Ich frage sie, ob sie gut verdiene.

»Ja«, antwortet sie, »500 bis 600 Rubel pro Monat, aber ich besetze zwei Stellen gleichzeitig, denn es gibt zu viel zu tun. Am Abend arbeite ich noch in einer medizinischen Versorgungsstelle, daneben schreibe ich Artikel für die Verbreitung medizinischer Kenntnisse in der Bevölkerung.«

»Aber Sie sind doch noch zu jung, um schon fünf Jahre praktische Arbeit hinter sich zu haben?« wende ich ein.

»Nach den Kriegsjahren gab es einen solchen Mangel an Ärzten, daß man seinen Doktor in nur drei Jahren machen konnte. Davon habe ich profitiert.«

Das Meer schlägt gegen den ansteigenden Strand. Aprikosenkerne bleichen in der Sonne, Bienen schwirren um ausgespuckte

Traubenhäutchen, Henriette liegt entspannt auf dem Rücken, aus ihrem mageren Körper und den Augenringen spricht die Müdigkeit.

Die Hitze klebt am Körper.

Oben auf der Steilküste steht im Schatten einer Pinie ein junger Dummkopf mit einem Feldstecher und inspiziert das Ufer. Die heiße Mittagssonne verwandelt den Kopf in eine brutzelnde Pfanne.

Und es dauert noch den ganzen Nachmittag, bis die Sonne endlich ins Meer fällt.

Manchmal glaubt man, in Südfrankreich zu sein. Himmel und Meer haben das gleiche Blau.

Doch hier trägt man über dem Arm statt Badekleid und -mantel nur ein einfaches, langes, nach russischer Art besticktes Handtuch.

Die geteerte Hauptstraße mit schiefergrauen Lichtreflexen hat eine ähnliche Farbe. Aber auf der alten Straße mit den staubigen Wagenspuren, die daneben weiterbesteht, zieht langsam ein Büffel mit einer Bauernkarre vorbei.

Zu bestimmten Zeiten strömt wie bei uns die Menschenmenge zum Strand oder wieder weg. So findet um halb eins ein allgemeiner Aufbruch statt. Ist es Zeit für den Cocktail in der Bar? Nein, das Essen ist bereit, sei es in den Restaurants, wo man nach einer halben Stunde Warten einen Platz findet, oder in den Eßsälen der zahlreichen Pensionen und Ferienheime... Ja, dieses Essen! Durch Zentralisierung der Versorgung wird den meisten das Leben vereinfacht. Jede Menge Aluminiumkübel werden zur Essenszeit gefüllt und jenen gebracht, die an Ort und Stelle bleiben wollen.

Am Abend könnte man glauben, daß in den großen Häusern Feste gefeiert werden, überall Lichter und Lärm. Aber es sind nur die großen Schlafsäle, in denen sich immer jemand aufhält.

Unter uns befindet sich ein Liebespaar, sie sind beide jung und schön und halten sich immer abseits. Sie kann trotz ihrer Jugend sehr gut singen, und Mischa begleitet unermüdlich all die Opernarien, die sie kennt.

Mischa war Metallarbeiter, doch sein musikalisches Können hat ihn zum Konzertinspektor von Leningrad befördert. Plötzlich spielt er einen teuflischen Charleston, und die ganze vor dem

Haus versammelte Gesellschaft fordert mich auf zu tanzen. Ich komme nicht darum herum und stürze mich kopfüber in eine Art »Black bottom«, der zwar großen Erfolg erzielt, aber das Ende meiner Stoffschuhe noch näher bringt. Man muß unbedingt gesehen haben, wie sich um Mitternacht im Kudiakowski-Park in der Mitte eines Teiches die einzige Blüte der »Victoria regia« öffnet. Also los!

Der bescheidene Sergei Michailowitsch mit den hängenden Schultern und der hohen Stimme ist traurig. Morgen fährt er mit seiner Frau nach Leningrad zurück, um seine Arbeit als Bahningenieur wieder aufzunehmen. Ich finde das Paar sympathisch, sie sprechen wenig und scheinen sich ohne Worte zu verstehen, das ist das Ergebnis mehrerer Jahre gemeinsamen Lebens. Sie trägt einen riesigen, gekrausten Haarknoten und hat ganz außergewöhnliche Augen. Im Sonnenlicht geht ein blauer Strahl von ihnen aus, der einen mit Frische und Jugend überströmt. Sie ist Ingenieurin.

»Ich hatte nur zwei Wochen Ferien, das ist nicht genug, um sich zu erholen«, sagt ihr Mann, »aber es gibt so viel Arbeit, und wir haben zu wenig Personal. Jeden Tag bleibe ich länger im Büro, und am Abend, wenn ich nach Hause komme, bin ich müde und gehe selten aus.«

Später antwortet er auf eine direkte Frage:

»Die Schwierigkeiten rühren daher, daß unsere Aufseher, kommunistische Arbeiter, uns Ingenieuren bürgerlicher Herkunft zu wenig Vertrauen entgegenbringen. Es braucht eine unendliche Geduld, um ihnen zu beweisen, daß ein bestimmtes neues Projekt gut ist. Doch nur Geduld... Nach und nach geht das vorbei, nur am Anfang sind sie übereifrig und wittern überall Sabotage.«

Wir spazieren durch die dunklen Alleen des Parks, den ein exotisches Dickicht beinahe überwuchert. Eine Pergola führt zu einem Pavillon aus rosa Marmor; Kakteen, Araukarien, Bambusbäume, Lorbeerbäume, senkrechte Zypressen und strahlende Palmen stehen im Park wild durcheinander... Viele Menschen stehen unter einem Tulpenbaum am Rande des Beckens mit den großen Seerosen. Ein erstaunlicher Anblick, diese Blätter mit dem phantastischen Durchmesser, die schwimmenden Tischen mit wie bei Kuchenblechen gewellten Rändern gleichen. Die seltene Blume in der Mitte des Wasserbeckens hat sich schon wieder geschlossen, man sieht nur noch ein zerknittertes Weiß hinter einem wie ein Horn gebogenen Sproß. Weshalb gibt es auf der Unterseite der Blätter spitze Dornen? Welche Gefahr birgt das Wasser?

Mischa ist Kommunist. Die Kommunistische Partei zählt kaum mehr als zwei Millionen Mitglieder, die wie ein Gerüst die 160 Millionen Einwohner der Union zusammenhalten.

»Ach, war das ein schönes Zusammenschlagen neulich! Wir haben mehrere hundert Schallplatten zerstört, den ganzen Jazz, der im Laden zu finden war. Übrigens war dies das Ergebnis zahlreicher Diskussionen unter uns Musikinspektoren der Stadt. Viele waren fürs Zerstören, und wir haben auch gewonnen. Meine Stadt hat erneut die Initiative für eine positive Reform ergriffen.«

»Weshalb laßt ihr dem sowjetischen Bürger nicht die Möglichkeit, sich bei einem Blues zu entspannen?«

»Der Russe reagiert zu sensibel auf Musik. Diese verrückten Rhythmen wühlen ihn vollständig auf, während ihr nur halbherzig darauf reagiert. Eure Tänze sind nicht gut für unsere Arbeiter. Wir müssen uns um sie kümmern, denn wir alle haben riesige Anstrengungen zu leisten, die unsere uneingeschränkte Energie erfordern. Anderseits ist unsere eigene Musik reich genug, um allen Geschmäckern Rechnung zu tragen. Unsere nationalen Tänze sind voller Leben und Gesundheit. Eure Tänze sind eigentliche Auswüchse der großen Städte und sollten sich nicht einpflanzen in einem Land, wo sie nichts zu suchen haben.«

Wieder einmal höre ich das Glaubensbekenntnis derer, die an die Zukunft glauben, seien sie Kommunisten oder Parteilose. Dieser Glaube ist der Grund für die Begeisterung, mit der sie die Gegenwart verändern.

»Wir müssen alles neu schaffen«, sagt Mischa langsam, damit ich jedes einzelne Wort richtig aufnehmen kann. »Wir stehen am Anfang einer Epoche, wo es keine Ausbeutung des Menschen durch den Menschen mehr gibt. Auf dieser Grundlage, so glauben wir, bauen wir eine neue Welt, in der der Mensch erhobenen Hauptes einhergeht. Die Veränderung ist zu gewaltig, als daß sie von einem Tag auf den andern verwirklicht werden könnte, und es gibt unter uns noch viele, die so denken wie früher. Sie verwenden ihre Ersparnisse für ihr Zuhause wie bei euch; sie glauben, daß das Glück von einem Haus, einem reichgedeckten Tisch, prächtigen Möbeln oder einer Menge Bücher abhinge…«

»Kann man denn heute überhaupt sparen?«

»Ja, es gibt viele Sparbücher. Dem Kauf von staatlichen Wertschriften sind keine Grenzen gesetzt. Gegenwärtig wird gespart, um eines der Autos zu kaufen, die wir selbst herstellen. Die Produktion hinkt der Nachfrage hinterher. Ja«, fährt er fort, »es gibt Leute bei uns, die gut verdienen. Ein Facharbeiter kann auf 300 bis 400 Rubel pro Monat kommen. Ein Ingenieur kann das Doppelte und mehr verdienen. Ein Theaterautor erhält zum Beispiel fünf Prozent der Einnahmen jeder Aufführung. Für die Premiere wird er wie ein professioneller Schriftsteller bezahlt, 200 bis 400 Rubel pro 20000 Wörter, je nach Schwierigkeitsgrad der geleisteten Arbeit. Ein Schriftsteller erhält 70 Prozent der Einnahmen der zweiten Auflage und 60 Prozent der dritten.«

»Kann man sich auch ein Haus kaufen?«

»Das ist nicht leicht bei der herrschenden Wohnungsnot. Doch kann man in der Nähe der Stadt eine ›Datscha‹ auf 40 Jahre mieten.«

»Sagen Sie, Mischa, haben nicht alle den Ehrgeiz, Kommunist zu werden?«

»Nein«, antwortet er lachend, »die Mehrzahl der Leute denkt ganz und gar nicht so. Erstens müssen Sie wissen, daß unser Höchsteinkommen 300 Rubel pro Monat nicht überschreitet. Dies ist das Maximum, sowohl für einen Staatschef als auch für einen Arbeiter. Außerdem ist es nicht einfach, in die Partei aufgenommen zu werden. Man muß seine revolutionären und marxistischen Ideen unter Beweis stellen. Sobald man Kommunist ist, gehört man nicht mehr sich selbst, sondern der Partei. Von einem Tag auf den andern kann man weit weggeschickt werden. Zwar wird einem als kleine Entschädigung beim Umzug und, im Rahmen des Möglichen, bei der Wohnungssuche geholfen, aber dennoch…«

»Dafür«, fügt er hinzu, »macht es Freude, im Zentrum der Aktion zu stehen, die gemeinsamen Anstrengungen zu spüren, die Kräfte des neuen Lebens wachsen zu sehen. Sie haben vorhin vom ›Theater der kommunistischen Arbeiter‹ gesprochen. Was Sie daran so erstaunlich dynamisch gefunden haben, ist genau die Verkörperung dieses Schwungs, dieser Kraft. Das ist es, was wir zu bieten haben und was wir sind.«

Was sie zu bieten haben, wird die Zukunft zeigen. Was sie sind, habe ich gesehen. Sie sind lebendig, mit allem, was dieses Wort an Positivem beinhaltet. Sie sind schön. Ihr Ausdruck ist schön, offen.

Die Menschen der Sowjetunion sind überall eine Freude für das Auge. Das kann man nicht oft genug wiederholen. Dagegen haben die feinen Leute bei uns nur fahle, leere Gesichter aufzuweisen.

* * *

Ganz Rußland und sein riesiges asiatisches Hinterland scheinen mir in Griffnähe... Mein Bein ist praktisch geheilt, und ich möchte in allen Richtungen gleichzeitig auf neue Entdeckungen gehen. Aber ich habe kein Geld. Wenn ich hier bliebe und Geld verdienen würde, könnte ich dann wohl eine der Möglichkeiten, die mir offenstehen, bis zum Ende verfolgen?

Die Geographie des Landes hat mich in ihren Bann gezogen. Das Leben dieser Breitengrade zieht mich wie eine Magnetnadel an.

Es ist mir gelungen, meine Rückfahrkarte zu ändern. Statt direkt über Rostov, kann ich über Odessa und Kiew fahren. Doch vor der Abreise muß ich unbedingt noch neue Schuhe auftreiben.

Bei den zahlreichen Basar-Schustern kriegt man zwar, was man will, doch wie alles, was vom privaten Handel abhängt, ist es sehr teuer. Gibt es wohl unter dem NEP (Neuer ökonomischer Plan) viele Frauen, die sich ein Paar Schuhe zu 75 Rubel leisten können?

Ich möchte Turnschuhe aus Leder, »Sportmenka« genannt, die man in einem staatlichen Laden für vier Rubel erhält, die auf dem Basar aber 22 Rubel kosten! Meine Gefährten behaupten, daß ich in der Genossenschaft nichts bekomme. Selbst sie erhalten nicht immer alles, worauf sie Anrecht haben, trotz ihrer Gutscheine und ihrem endlosen Anstehen.

Auf der Straße sieht man mitten im Sommer arme Teufel in Gummischuhen, die in rauhen Mengen und zu bescheidenen Preisen vorhanden sind, da sie in Rußland als Grundausstattung betrachtet werden.

Die Direktorin des Ferienheims stellt mir eine Bestätigung aus, daß ich Ausländerin bin und kein Schuhwerk habe.

Bei der Genossenschaft werde ich weggeschickt. Mein Ausweis muß vom Zentralbüro von Sochi unterzeichnet werden. Also gehe ich dorthin, stehe eineinhalb Stunden in der Schlange. Zunächst warten wir in einem gepflasterten Hof, nach und nach rücken wir auf einen von Weinlauben umrankten Balkon und schließlich in ein

Büro vor, das, wie es sich gehört, mit einem Wust von Papieren übersät ist.

Die Gesuchsteller vor mir erhalten manchmal den gewünschten Stempel, doch manchmal höre ich auch:

»Schuhe? Nichts zu machen. Der Nächste bitte.«

Nun bin ich an der Reihe. Offenbar weiß man auf der anderen Seite des Schalters nicht recht, was mit meinem Papier angefangen werden soll. Es wird in ein Zimmer im Hintergrund weitergeleitet – zweifellos ein unvorhergesehener Fall.

Das Blatt kommt zurück mit einem hochoffiziellen »Nein«. In meinem Ärger gebe ich einer plötzlichen Eingebung nach und hebe meinen in Fetzen gehüllten linken Fuß wortlos auf den Schalter. Der Angestellte lacht, zögert und bringt endlich einen gültigen Gutschein. Die Zuschauer würdigen das Entgegenkommen, das mir zuteil wird, mit einem Lächeln.

12

DIE HEIMREISE

Zwei Stunden später besteige ich mit meinen Vorräten an Brot, Käse, Zucker und Äpfeln im Rucksack das russische Dampfschiff »Krim«. An Bord ist wie gewöhnlich alles überfüllt. Ich versuche einen freien Platz im Schlafsaal dritter Klasse zu finden. Mein Problem ist schnell gelöst, denn in Tuapse, dem nächsten Zwischenhalt, steigt ein Tourist aus. Der Liegeplatz besteht aus einem Lattenbett, auf dem man seine Decke ausbreitet. Nacheinander picknicken diejenigen, die nicht im Restaurant essen – und das ist die Mehrheit – am Tisch. Sie warten, bis der Kipetok im Gang des Zwischendecks in Betrieb ist. Dreimal pro Tag spazieren sie langsam daran vorbei und machen ihren Tee in einem Kochtopf oder einer Emailschale.

Das Vorderdeck ist mit den unterschiedlichsten Lagerplätzen übersät. Beim Eindämmern wickelt sich jeder in seine Decke und regt sich nicht mehr.

Unter meinen Kabinengefährten ist eine junge Moskauerin, die sich daran erinnert, mich vor drei Monaten in den Räumen von Sojuskino, wo sie arbeitet, gesehen zu haben. Sie kommt mit ihren Kameraden und Kameradinnen aus Baku und Tiflis zurück, wo sie sämtlichen Sehenswürdigkeiten nachgerannt sind, und alle sind halbtot vor Müdigkeit.

Am Morgen legt die »Krim« am Hafenquai von Novorossiysk an. Am Fuß von drei symmetrischen Hügeln, deren nackte Erde in den Strahlen der aufgehenden Sonne langsam von Violett zu Rosa übergeht, qualmen Fabrikschlote. Die Stadt gleicht einem großen Dorf. Die Häuser am Rande der breiten, staubigen Pflasterstraßen liegen noch im Halbschlaf. An den Marktständen auf dem weiten Platz ist alles sehr teuer, und ich kaufe nur zwei Tomaten fürs Frühstück.

Hinter den Warenbündeln auf dem Quai kauern vier Kinder. Die Lumpen, die sie tragen, und ihr verschlagener Blick verraten, daß es Vagabunden sind. Vom Schlafsaal aus betrachte ich durch die Luke, wie sie unbeweglich auf dem Boden kauern. Zweifellos suchen sie nach einem Weg, um schwarz mitzufahren. Ich frage meine Nachbarn, wie viele solcher verwahrloster Kinder es noch gebe.

»Wie kann man das so genau wissen? Vielleicht 5000, vielleicht aber auch 15000?«

»Kann man denn nichts für sie tun?«

»Nach und nach werden sie in speziell für sie eingerichtete Kinderheime aufgenommen. So nimmt ihre Zahl langsam ab. Doch man kann sie nicht einsperren. Es gibt immer wieder welche, die ausbrechen. Im übrigen hat es zu allen Zeiten in Rußland herumstreunende Kinder gegeben...«

Wir sind wieder auf dem offenen Meer. Erst auf der Halbinsel Krim werden wir das nächste Mal anlegen.

In der Toilette dritter Klasse taucht eine Bäuerin ihren Fuß ins Lavabo und wäscht ihn sorgfältig. Ich beobachte sie aus dem Augenwinkel, während ich meine Wäsche mache. Mit einem Blick auf meine Seife fragt sie:

»Darf ich?«

Sie ist Ukrainerin und versteht mich schlecht, so tauschen wir vor allem unzählige Lächeln aus, die ihre hohen Wangenknochen hervorheben. (Die bolschewistische Revolution wird auch oft als »Seifenrevolution« bezeichnet.)

Niemand hat etwas dagegen einzuwenden, daß ich meine Wäsche zum Trocknen an einer Querstange auf dem Vorderdeck aufhänge. Der Steuermann steht allein auf seinem Kommandosteg, er hat nur für seinen Kompaß Augen und läßt sich durch meine Anwesenheit nicht ablenken. Doch da kommt der zweite Steuermann. Ich mache mich darauf gefaßt, umgehend weggeschickt zu werden. Aber ganz im Gegenteil, er fragt mich, was ich wolle, und wir beginnen ein Gespräch über die Abenteuer des Schulschiffs »Towarischtsch«.

Um zehn Uhr abends kommen wir in Yalta, der Perle der Krim, an. Das Dampfschiff bleibt zwei Stunden am Quai liegen. Ich spaziere der Bucht entlang, die von niedrigen Häusern und Gärten gesäumt ist. Aus einem Kino strömen Leute.

Das zweite Morgengrauen an Bord. Ein kurzer Aufenthalt in Sevastopol. Die Küste scheint flach und gelb. Wieder auf See, nehmen wir Kurs auf Odessa. Plötzlich dreht das Schiff ohne ersichtlichen Grund brüsk nach links ab und fährt in östlicher Richtung weiter.

Ein Wrack schaukelt in den hohen Wellen. Wir verlangsamen die Fahrt und halten darauf zu. Es ist ein verlassenes Fischerboot. Ein Matrose steigt die Strickleiter hinunter und legt Seilschlingen um den Rumpf. Mit dem Lastenmast wird das triefende Boot auf Deck gehoben. Unter den Erste-Klasse-Passagieren, die dem Zwischenfall zusehen, befindet sich ein amerikanisches Ehepaar. Beide sind auffallend elegant gekleidet und haben den blasierten Ausdruck der Snobs, den man hier nirgends sieht. Er trägt einen weiten Mantel aus weichem, beigem Wollstoff und sie ein kleines Filzhütchen weit hinten auf dem Kopf, wie es Mode ist. Sie hat das verlebte Gesicht einer Dame von Welt, das aber in dem Land, wo wir uns befinden, nur einfach schäbig wirkt.

Auf dem Deck befinden sich mehrer Armenier, die völlig unbeteiligt geblieben sind. Sie sitzen den ganzen Tag im Schneidersitz auf einem Teppich inmitten ihrer Gepäckstücke. Zu den Essenszeiten greift einer von ihnen, wahrscheinlich der Älteste, nach einem Koffer, öffnet das Schloß mit seinen dicken, weißen und ungeschickten Fingern und nimmt kaltes Geflügel, Gläser und einen Teekrug heraus.

* * *

Es ist schwarze Nacht. Die »Krim« fährt in den Hafen von Odessa ein. Die auf einen Hügel gebaute Stadt hat ihre Lichter angezündet. In den Hafenbecken liegen Lastschiffe aus aller Herren Länder. Getreide fließt aus Eisenbahnwagen in die Schiffsbäuche. Etwas weiter entfernt ragen die Doppelrahen des Dreimasters »Towarischtsch« in den Himmel.

Vom Hafen aus führen lärmige Straßenbahnen in die Stadt hinauf. Ich erkundige mich nach dem Weg und gelange auf eine breite, gerade Straße, die parallel zum Hafen verläuft. Die Gehsteige sind unregelmäßig, auf den Türschwellen sitzen Leute. Etwas zurückversetzt und von Bäumen verdeckt ragt ein in klassischem Stil gebautes Haus mit einem dreieckigen Giebel in die Dunkelheit. In diesem ehemaligen Palast ist das Revolutionsmuseum untergebracht. Der linke Flügel ist zu Schlafsälen umgebaut worden, das ist die Basis von Odessa.

Meine späte Ankunft verdrießt den dösenden Wärter im gefliesten Vorzimmer, der Sekretär ist schon gegangen. Ich zeige meine

Bahnfahrkarte vor, ihre Nummer und mein Name werden in ein großes Register eingetragen. Das sind die Formalitäten, die erledigt werden müssen. Die Übernachtung kostet 40 Kopeken.

Im großen Schlafsaal sind mehrere Betten besetzt. Die Frauen befinden sich im hinteren Teil des Zimmers, hinter einem dicken Vorhang. Während ich auf meinem Bett esse, knüpfe ich Bekanntschaft mit meiner Nachbarin. Sie ist blaß, hat blondes, glattes, von einem Kamm zusammengehaltenes Haar und Augen, deren dunkles Blau mich an eine Sommernacht erinnern. Sie kommt aus Irkutsk in Sibirien, in der Nähe des Baikal-Sees, studiert Medizin und ist zum erstenmal im europäischen Rußland.

Wir treffen uns an den folgenden Abenden immer wieder. Tagsüber besucht sie Museen, Krankenhäuser und Schulen, ich verbringe meine Tage in den über dem Meer gelegenen Ukraine-Film-Studios (ehemals Wufku).

»Bei uns«, sagt sie, »gibt es viel zu tun, um die andern europäischen Länder einzuholen, doch wir werden es schaffen. Jeder von uns ist sich der historischen Aufgabe der Sowjetunion bewußt.«

Ihre Eßgewohnheiten sind die gleichen wie meine. Am Mittag ißt sie dort, wo sie gerade zu Besuch ist, fürs Abendessen kauft sie mit den Gutscheinen, die der Sekretär der Basis ausgibt, Brot und Zukker, und wir essen auf unseren Betten. Der Kipetok befindet sich auf einem großen Steinofen, der im oberen Schlafsaal den ganzen Tag brennt.

Die Fenster gehen auf den Hafen hinaus, denn unser Palast ist auf den Befestigungswällen der Stadt gebaut. Beim Erwachen sehe ich vom Bett aus das Meer.

Die große, in die Stadtmauer eingehauene Treppe von Odessa ist ein majestätischer Anblick. Eisenstein hat sie für seinen Film »Panzerkreuzer Potemkin« geschickt ausgenützt, so daß sie direkt ans Meer zu führen scheint, während sie in Wirklichkeit an einer Mauer endet, die einer Hafenstraße entlang führt.

Eisenstein setzte sich oben auf diese Treppe, als er von Moskau nach Odessa kam mit dem Auftrag der »Goskino«, eine historische Szene zu drehen, nämlich den Aufstand der Matrosen während der Revolution von 1905. Er hatte sich zwei Pfund Kirschen gekauft und öffnete den Mund nur, um von Zeit zu Zeit nervös die Steine auszuspucken. In Schweigen versunken, betrachtete er den ganzen Nachmittag den Horizont und erhob sich erst gegen Abend.

»Das muß ganz groß gemacht werden! Hier ist alles riesig!« Er verlangte höhere Beiträge und erhielt sie auch. 1921 entstand daraus sein berühmter Stummfilm.

Odessa ist der Unterschlupf zahlreicher Schmuggler, die auch den feinsten Spürhunden der GPU entschlüpfen. Gehandelt wird anscheinend mit Rubeln aus den schwarzen Börsen Europas. Man erhält sie dort spottbillig, da sie nicht wechselbar sind. Wem es gelingt, solche Banknoten in die UdSSR einzuführen, macht riesige Profite.

Den ganzen Tag streiche ich im Hafen herum, um mehr über den Schmuggel zu erfahren. Aber man müßte das Meer in allen Richtungen überwachen können...

Bevor ich nach Kiew weiterfahre, begebe ich mich ins Bahnbüro, denn es ist unmöglich, mit der Bahn zu reisen, ohne daß man seinen Platz zwei oder drei Tage zum voraus reserviert hat. Der Bahnhof ist ein wahres Labyrinth. Es ist nicht einfach, zwischen den Reihen von Reisenden, die alles verstopfen, den richtigen Schalter ausfindig zu machen. Und dann muß man noch viel Geduld haben, bis man endlich an die Reihe kommt. Wenn jemand kein Kleingeld hat, muß er warten, bis die Nachfolgenden die Kasse wieder aufgefüllt haben. Einige Bauern vor mir haben sich im Schalter getäuscht, andere haben nicht gelesen, daß alle Züge des heutigen Tages schon vollbesetzt sind.

Am Tag meiner Abfahrt esse ich bei einem Drehbuchautor. Er hat mir die Hälfte des Essens, das seine Vermieterin ihm gemacht hat, angeboten, damit ich keine Zeit in einem Restaurant verliere.

»Die Wohnungsnot ist in Odessa nicht schlimm. Aber im Hinblick auf die Rationierung sind wir nicht besser dran als die anderen Städte.«

Obwohl er sehr intelligent ist, pflegt dieser junge Mann einen ganz speziellen Snobismus: Blind lobt er alles, was in Amerika und Europa produziert wird – sei es der neueste Roman oder ein Superfilm. Von der sowjetischen Produktion hält er nicht viel.

Mit Bedauern verlasse ich Odessa und das Schwarze Meer. Ich trete endgültig die Rückreise an, und das stimmt mich traurig.

* * *

Der Zug hält neben großen Holzbaracken: der alte Bahnhof von Kiew. Unter Gerüsten entsteht ein neues Gebäude aus Stein. Ich wate durch den Dreck auf dem Bahnhofsplatz und warte noch schläfrig auf die Straßenbahn. Nach acht Stunden Schlaf auf einer Eisenbahnbank bin ich kaum wachzukriegen.

Im Stadtzentrum erregen mein Rucksack und mein Alpenstock Aufsehen. Alle fragen mich, woher ich komme. Im Büro der Gesellschaft für Proletarischen Tourismus erhalte ich Brotgutscheine und die Adresse der Basis: Gebäude 36 der Lavra. Das ist außerhalb der Stadt. Ich verfluche die weite Entfernung und die damit verbundenen Straßenbahnkosten. Ich weiß nicht, was mich erwartet.

Aus der Straßenbahn ausgestiegen, bleibe ich unter den Bäumen der Allee stehen. Ich wage nicht recht, durch das monumentale Tor in einer langen Befestigungsmauer zu schreiten. Auf einem Spruchband ist zu lesen: »Religion ist Opium für das Volk.« Da erst wird mir bewußt, daß Lavra Kloster heißt.

Ein Wächter am Eingang. Eine Allee mit Steinplatten. Strahlende, goldene Zwiebeldächer über der Hauptkirche. Ein beeindruckender Glockenturm. Niedrige Wohnhäuser mit weißen Vorhängen zwischen kleinen Bäumen.

Links die Basis. Lange Korridore, dicke Mauern. Zellen, die in Schlafräume verwandelt worden sind, vergitterte Fenster. Die gekalkten Wände strömen Modergeruch aus. In der Nähe des gemauerten Ofens, auf dem ich mir meinen Tee mache, ist es warm.

Das tausendjährige Kloster von Kiew ist eines der ältesten in ganz Rußland und war früher Ziel berühmter Pilgerfahrten. Es beherbergte vor der Revolution 1 200 Mönche. Mittellos geworden, sind sie nach und nach weggegangen. Letztes Jahr waren es nur noch zehn Mönche, die in den Katakomben hausten und nicht daraus wegzubringen waren. Heute ist das Kloster umgebaut zu einem religionskritischen Museum und zu einem Heim für Alte und Blinde.

Die Sicht von der Spitze des Glockenturms ist einzigartig.

Die Weite der Ukraine ist genauso beeindruckend, wie es die Höhe des Kaukasus vom Latpar aus gesehen war.

Mit einem einzigen Blick erfaßt das Auge 50 Meilen und bleibt dann am unendlichen Horizont hängen, ohne sich davon lösen zu können. Die Lunge weitet sich, die Augen werden scharfsichtig. Wie ein Adler schwebt man in Raum und Licht.

Der breite Dnepr gleicht einem riesigen Band, das sanft nach Süden gezogen wird. Die flachen Transportschiffe liegen ruhig im Wasser, nur die seidenen Lichtreflexe der Wellen bewegen sich.

Über dem diesseitigen Ufer des Dnepr erhebt sich der Hügel, auf dem die Lavra steht. Die Kuppeln der Kirchen und Kapellen scheinen über dem Grün der Obstgärten zu schweben. Sie gleichen von oben gesehen einem Haufen riesiger Zwiebeln.

Eine Gruppe Schüler verläßt den Turm und geht am Wächter mit den mongolischen Zügen vorbei. Plötzlich stürzt er sich auf einen Jungen, schüttelt ihn an den Schultern und will ihm offenbar etwas entreißen, was dieser versteckt hält. Wutentbrannt schwenkt der Wächter einen Fotoapparat:

»Das ist verboten, du weißt es ganz genau, ich habe es dir am Eingang gesagt. Ich beschlagnahme deinen Apparat. Und ich gehe zur Direktion, dann wirst du eine Buße erhalten!«

Der völlig verschreckte Junge klammert sich an den großen Mann und fleht ihn um Nachsicht an. Ich habe den gleichen Ungehorsam begangen und mache mich aus dem Staub.

Ein Spazierweg schlängelt sich durch verlassene Gärten. An der Steilküste des Flusses vorbei führt er zur Kapelle, von der aus man in die Katakomben gelangt. In einem runden Zimmer wurden früher Tränen und Schweiß der Märtyrer hektoliterweise in Fläschchen abgefüllt und an die Besucher verkauft. Eine nicht unbeträchtliche Einnahmequelle des Klosters.

Das amerikanische Paar vom Schiff ist auch da. Am Abend verlassen sie nach einer einmonatigen Rundreise die Sowjetunion. Sie sind begeistert, was auch in den abgelegensten Gebieten alles aufgebaut wird. Aber sie beklagen sich, daß die Reise teuer ist, die Hotels überfüllt sind und keinen Komfort bieten. Das erste, was sie mich fragen, ist, wo ich wohne und zu welchem Preis. Meine Antwort versetzt sie in Staunen.

Ihr Übersetzer spricht pausenlos, doch sie scheinen den Antworten auf ihre Fragen nicht zuzuhören. Sie sind müde und fragen mehr aus Pflichtbewußtsein, um ihrer Rolle als gute Touristen bis zum Schluß gerecht zu werden.

»Wurden diese unerhört prachtvollen Gewänder auch von einfachen Priestern getragen?« fragt die junge Frau.

»Ja«, antwortet der Übersetzer, »unter dem Zar waren sie die wichtigsten Personen im Land.«

»Mit diesem Schmuck könnte man sämtliche Traktoren der Vereinigten Staaten kaufen«, bemerkt die Amerikanerin.

Wir gehen zusammen mit einer Bäuerin, die eine Pilgerfahrt macht, durch das Gewirr von Katakomben. Sie trägt Bastsandalen und eine weite Bluse aus rot und schwarz besticktem Leinen. Sie küßt die Ikonen und betet vor den Heiligenstatuen in der trockenen Wand des Hügels. In der größten Kapelle haben die Kommunisten in einer Ecke ein Foto aufgehängt. Es zeigt einen Mönch, der vor Gericht angeklagt wird. Die Bäuerin betet auch vor diesem Bild. Der Führer fragt sie:

»Weshalb verehrst du diesen Mann? Weißt du nicht, daß er die Frau, mit der er zusammenlebte, getötet und zerstückelt hat?«

»Eben darum«, antwortet sie, »er hat viel gelitten und ist jetzt sicher in Gottes Nähe.«

Kiew, die Lichterstadt mit ihren vielen Bäumen, dehnt sich über mehrere Hügel aus. Wenn man unten in den Straßen ist, scheinen die breiten Alleen direkt in den strahlenden Himmel hinauf zu führen.

An vielen Häusern findet man noch Geschoßspuren. Während der Revolution wurde die Stadt nicht weniger als zwölfmal erobert und zurückerobert, von den Weißen, den Roten und den Interventionstruppen. Wenn man verstehen will, was der Bürgerkrieg bedeutet hat, muß man in die Ukraine gehen.

Täglich fahre ich mit der Straßenbahn zu den riesigen Ukraine-Film-Studios. Etwa dreißig Regisseure arbeiten in der »Fabrik«, wie man hier sagt. Dziga Wertoff, der Dokumentarfilmer, hat einen Tonfilm über die Minenbecken des Don mitgebracht, *Die Symphonie des Donbaß*, an dem er noch letzte Arbeiten durchführt. Er ist bekannt für seine Art, Szenen aus dem heutigen Leben festzuhalten. Die »Fabrik« ist hervorragend ausgerüstet, nur die Ton-Apparaturen sind noch nicht auf dem neuesten Stand. Die Studios wurden vor drei Jahren gebaut, noch vor der Ton-Revolution.

Die Werbeabteilung wird vom Genossen Dragomanoff geleitet. Wenn er französisch spricht, kann man einen leichten Genfer Akzent feststellen. Er ist als Sohn von Emigranten in Genf geboren und hat dort das Calvin-Gymnasium besucht. Manchmal nimmt er mich mit zu sich nach Hause, wo ich in Gesellschaft seiner Frau und seiner Kinder mit bürgerlicher Küche verwöhnt werde. Dragomanoff ist ein unglaublich aktiver Mensch. Neben seiner Arbeit bei der

Filmgesellschaft hat er an der Universität einen Lehrstuhl für Städtebau inne. Außerdem ist er noch Sekretär des städtischen Filmtechnikums. Er erzählt mir Einzelheiten aus der Geschichte der Ukraine, einem Land am Berührungspunkt der verschiedensten Rassen, in dem sich der Nationalismus gegenwärtig so stark entwickelt, weil er lange Zeit unterdrückt worden ist.

* * *

Ich werfe einen letzten Blick auf die großartige Lavra hinter ihrem mittelalterlichen Schutzwall. Zum letztenmal fahre ich durch die Stadt. Vor einem Tankwagen stehen Menschen Schlange. Auf einem Kinoplakat wird der deutsche Film *Gefangene der Berge* angekündigt. Am Bahnhof das übliche Ritual der Platzkarte. Nach zwei Stunden erfolglosen Wartens beschließe ich, es so zu machen wie alle, nämlich den Schalter gewaltsam zu stürmen, denn bis zur Abfahrt meines Zuges bleiben nur noch fünf Minuten. Das Gedränge erinnert mich an die schlimmsten Augenblicke in der Untergrundbahn, wo man das Gefühl hat, daß einem im Getümmel die Kleider vom Leibe gerissen werden, und man nicht mehr auszuatmen wagt aus Angst, daß die Lunge nachher nicht mehr genug Platz hat, um sich wieder zu füllen. Am Schalter geht es darum, den längsten Arm und die lauteste Stimme zu haben. Ich habe es geschafft. Völlig erschöpft sinke ich im Abteil neben einer Mutter mit ihren drei Kindern nieder. Wir tauschen Bonbons und Äpfel aus.

»Wohin reisen Sie mit Ihren Kindern?«

»Nach Vladivostok«, antwortet sie so selbstverständlich, wie eine Pariserin von Le Havre sprechen würde, so, als seien 10000 km das gleiche wie 100.

»Gehen Sie da hin, um zu arbeiten?«

»Nein, ich wohne da. Ich bin nur einen Monat bei meinem Bruder in Odessa in den Ferien gewesen. – Wissen Sie, die Reise kostet mich praktisch nichts, mein Mann ist Eisenbahner bei der Transsibirischen.«

Ganz Asien durchqueren für einen Familienbesuch! Die Russen sind wirklich reisefreudig. Im übrigen stimmt es, daß eine Fahrkarte dritter Klasse von der polnischen Grenze bis Vladivostok nur 164 Rubel 50 kostet.

Eines Tages mußte ich in Moskau wie üblich in einem Laden warten. Neben mir stand gelassen ein Turkmene in seinem weiten, dunkelgestreiften Umhang. Er war aus Taschkent gekommen, um die Hauptstadt zu besichtigen und für seinen Sohn ein Fahrrad zu kaufen. Er war auch in Murmansk jenseits des Polarkreises an der Küste des Arktischen Ozeans gewesen, um die Mitternachtssonne zu sehen. Er wollte nicht mehr lange in Moskau bleiben, die Stadt war ihm zu lärmig. So bald wie möglich wollte er in seine Heimat nördlich von Afghanistan zurück.

* * *

Feuchter, müder Eintagsschnee fällt auf Moskau. Ich flüchte mich vor dem beißenden Wind in die Straßenbahn. Überall sieht man Filzstiefel mit Gummischonern, an den Händen Fäustlinge und eine unzählige Vielfalt von Kopfbedeckungen. Landstreicher wärmen sich an den Teeröfen. Auch zu Hause tragen alle einen Mantel, es wird noch nicht geheizt. Das Zimmer, in dem ich gewohnt habe, wird jetzt nicht nur von seiner Besitzerin, sondern auch noch von ihrer Schwester, die bei ihr in den Ferien ist, bewohnt. Bei ihrer Ankunft mußte sie ihre Ausweise beim Hauskomitee abgeben. Nun sollte sie nach Leningrad zurück, doch ihre Papiere sind verlorengegangen, und sie kann nicht ohne sie abreisen. Das kleine Büro des Komitees ist den anfallenden Arbeiten für die zahlreichen Wohnungen unseres Häuserblocks nicht mehr gewachsen.

An der Strielka ist alles ausgestorben, die Rennboote machen ihren Winterschlaf. Die Ferienzeit ist zu Ende. In den Theatern wird wieder gespielt. Ganze Boulevards sind nun gepflastert. Auf den Häusern, die sich im Bau befanden, sind in der Zwischenzeit Dächer gewachsen, ein roter Stern auf dem First verkündet die Fertigstellung. Trotz der Kälte sind die Spazierwege so belebt wie im Sommer.

Der Schnellzug nach Leningrad kämpft sich gegen den Wind durch die undurchdringliche Nacht. Von Zeit zu Zeit stößt er ein angstvolles Brüllen aus, dumpf wie das Nebelhorn eines Dampfschiffes.

Ich bin von Moskau abgereist, ohne mir dessen so recht bewußt zu werden. Ich habe die Stadt gar nicht richtig verlassen, und ich habe das Gefühl, bald wieder hierherkommen zu müssen, zu den Menschen, die ich jetzt zurücklasse und die Teil von mir geworden sind.

Weshalb bin ich überhaupt weggegangen? Sind es die zu vielen und die zu alten Gewohnheiten, die mich wieder in meine Breitengrade zurückrufen? Oder ist es die Angst, keine interessante Arbeit zu finden, solange ich nicht besser Russisch kann? Oder bin ich ganz einfach dem Tyrann Abenteuer erlegen, der seine Untertanen immer wieder ins Unbekannte stößt?

Ich habe einige überflüssige Kleider verkauft und so das notwendige Geld zusammenbekommen, um mir einen Umweg über Leningrad leisten zu können. Zum Glück ist der Zug geheizt, denn ich habe keine Decke mehr. Weil sich die Lieferungen des Brennholzes verzögert haben, haben sowohl Moskau als auch Leningrad ihre Öfen noch nicht angezündet. Es sieht sogar so aus, als ob diese beiden Städte einen Wettbewerb veranstalten wollen, wer diesen Winter weniger Holz braucht!

In Leningrad finde ich wieder Unterkunft in der Touristenbasis. Die Stadt berührt mich stark. Man spürt, daß sie reich an menschlicher Geschichte ist. Und gleichzeitig strahlt sie jene besondere Melancholie aus von Orten, die nicht mehr sind, was sie einmal waren.

In der Basis treffe ich wie immer die Jugendlichen voller Lebenskraft, Selbstsicherheit und Begeisterung, die entschlossen sind, Gegenwart und Zukunft zu erobern. Ich beneide sie um die Weitsicht, mit der man sich um sie kümmert und ihren Willen auf ein sinnvolles Ziel hin lenkt.

Den Tag verbringe ich im Film-Studio und in der Filmschule. Am Abend gehe ich zu Fuß ins Stadtzentrum zurück, über den großen, märchenhaften Fluß mit den imposanten Brücken, den majestätischen Quais und den klassischen Palästen, die das Ufer säumen. Endlich kann ich das Ereignis der Revolution begreifen.

Im leeren Zug, der nach Westen rollt, sitze ich mit einem Popen allein im Abteil. Kaum hat er sich gesetzt, nimmt er die Pelzmütze ab, unter der sein langes Haar versteckt war, und läßt die Soutane, die er unter dem Mantel hochgebunden hatte, fallen. Aus seinem runden Holzkoffer nimmt er eine Stimmgabel, schlägt sie an und lauscht den zarten Schwingungen. Plötzlich bricht er in Schluchzen aus und versteckt sein Gesicht in einer Serviette, die er als Taschentuch benützt. Dann zieht er einen Rosenkranz und ein Gebetbuch mit glänzenden Heiligenbildern hervor. Von Zeit zu Zeit bekreuzigt er sich oder beginnt wieder, in seinen langen Bart zu weinen.

Schließlich zeigt er mir mit zitternden Fingern seinen polnischen Paß und ein russisch-polnisches Wörterbuch und erzählt mir seine Geschichte. Er ist trotz seiner hellen Kinderaugen schon sechsunddreißig und hat immer in Rußland gelebt. Und nun hat man ihn nach Hause, nach Polen, geschickt. Von neuem bricht er in Schluchzen aus und schneuzt sich geräuschvoll.

Freundlich bietet er mir die Hälfte seines Weißbrotes, Butter und Äpfel an. Gemeinsam fahren wir über die Grenze, beide sehr traurig.

Mitternacht. Warschau.

Nun sitze ich wieder in einem von unseren engen Eisenbahnwagen und weiß nicht, wohin mit den Beinen, wie ich mich in der Nacht hinlegen soll. Seit langem habe ich mich auf das Essen im Speisewagen gefreut, doch nun macht es mir überhaupt keinen Spaß. Die Kellner tragen falsche Hemdbrüste unter ihren Jacken. Drei Frauen schwatzen mit schrillen Stimmen aufeinander ein, man hat den Eindruck, in einem Vogelhaus zu sein. Männer mit Doppelkinn scheinen sich absichtlich zu dicke Zigarren in den Mund gesteckt zu haben. Mit plumpen Blicken, wie ich sie seit einem halben Jahr nicht mehr gesehen habe, betrachten sie die Frauen.

Es gibt keinen Zweifel: Ich bin wieder im alten Europa.

NACHWORT

Ella Maillart

NOMADIN UND KOSMOPOLITIN

Sie kam, sah und notierte ihre Eindrücke. Obwohl oder gerade weil Maillart nicht gern schreibt, denn diese Tätigkeit fesselt sie an den Schreibtisch und läßt sie nicht »unter freiem Himmel leben«, war sie eine der meistgelesenen Reiseschriftstellerinnen ihrer Zeit. Ihre zahlreichen Reiseberichte erschienen bei so namhaften Verlagen wie Fasquelle, Grasset, Payot und Éditions du Seuil in Paris, Heinemann, Hodder & Stoughton in London und bei Rowohlt in Berlin. Ihr Erfolg beruht nicht zuletzt auf der Fähigkeit, sich bei ihren Reisen das Erstaunen eines Kindes bewahrt zu haben. Das bedeutet jedoch keineswegs Naivität. Ella Maillart sieht die Welt mit klaren Augen. Bei aller Entschlossenheit und Zielstrebigkeit ist sie jedoch »von empfänglichem Gemüt für die Schönheiten und Schicksale der Menschen, denen sie begegnet«, wie ein Rezensent notierte. Ihre Reiseaufzeichnungen sind rasche Skizzen, sicher und augenblicklich sinnlich, ihre Sprache unprätentiös, lebendig und humorvoll.

Frauenkämpferische Gedanken bleiben Ella Maillart Zeit ihres Lebens fremd, aber ihre außergewöhnliche Vita macht, daß sie Vorbild für viele ist. Sie hat, als die meisten ihrer Zeitgenossinnen nicht im Traum an so etwas dachten, den ihr zugestandenen Platz verlassen und ihr Leben selbst bestimmt. Sie hat unbeschwert von allen Rollendiskussionen beherzt in Männerdomänen gewildert.

Wer ist diese Frau?

1903 geboren, wächst Ella Maillart in der abgekapselten Welt der Genfer Bourgeoisie wohlbehütet auf. Der Vater, ein erfolgreicher Geschäftsmann, besitzt ein Haus am Genfer See. Dort macht Kini, wie Ella von ihren engsten Freunden heute noch genannt wird, ihre ersten Segelübungen. Eine fast idyllische Kindheit und Jugend, aber Kini ist ein schwächliches und kränkelndes Kind.

Vielleicht ist es der Kampf gegen diese Behinderung die Energie, die sie als Sporttreibende weit über das Mittelmaß hinausträgt. Mit 13 Jahren gewinnt sie ihre ersten Regatten, und 1924 vertritt die 21jährige als einzige Frau des Schweizer Segelteams ihr Land bei den Olympischen Spielen in Paris. Darüber hinaus nimmt Ella an internationalen Skirennen teil und gründet die erste Damen-Hokkey-Mannschaft der Schweiz.

Mit 21 verläßt Ella Maillart ihr Elternhaus, rechtzeitig, um sich dem bürgerlichen Leben, das ihr nur eine bescheidene Existenz als Fremdsprachensekretärin zu bieten hätte, zu entziehen, und um ihren Vater Lügen zu strafen, der ihr mit der Ehe als einzig verbleibende Möglichkeit droht für den Fall, daß sie nicht imstande wäre, ihren Lebensunterhalt selbst zu verdienen. Da eine Bindung an Mann oder Büro für Ella nicht in Frage kommt, geht sie zunächst als Französischlehrerin nach England. Natürlich sind ihre Schützlinge von der blonden, burschikosen Schweizerin hellauf begeistert. Und nicht nur sie. Auch Maillarts Kollege, der Schriftsteller Monk Gibbon, ist von der koketten, jungen Frau angetan, wenn nicht sogar in sie verliebt, und widmet ihr ein Drittel seines Buches »Mont Ida«.

Als Ella Maillart von ihrer Lehrerinnentätigkeit genug hat, läßt sie sich auf ein Schiff anheuern und durchläuft alle Chargen vom Kajüten»jungen« bis zum Steuer»mann«. 1925 segelt sie mit einer Frauenmannschaft an Bord der Jolle »Bonita« nach Kreta, und nimmt an archäologischen Ausgrabungen teil. Hier in Kreta lernt sie das Leben unter freiem Himmel – das »wahre Leben in der Natur« – zu schätzen.

Woher soll sie jedoch die Mittel nehmen, um sich das schöne Ferienleben für immer zu leisten und nicht nur für ein oder zwei Monate im Jahr? Wenn sie ihre verwegenen Träume, die sie seit ihrer Kindheit hegt, verwirklichen will, muß sie sich das Geld für ihre Reisen verdienen: als Tippfräulein und Modell, als Schauspielerin und Artistin in Berlin und Paris. In Berlin wird sie von der UFA als Stuntwoman für Heimatfilme engagiert.

1930 bricht sie zu ihrer ersten größeren Reise auf. Ziel ist die junge Sowjetunion. Das ist zu dieser Zeit kein einfaches Unterfangen, denn die Schweiz hatte die UdSSR völkerrechtlich nicht anerkannt. Über diese Reise schreibt sie ihren ersten zur Publikation bestimmten Bericht, der 1932 auf Französisch erschien und mit diesem Buch erstmalig in deutscher Sprache vorliegt.

Wie viele Rußlandreisende jener Jahre war Ella Maillart auch an den fern von Moskau liegenden asiatischen Sowjetrepubliken interessiert, um mit eigenen Augen zu sehen, wie die Ideen des Kommunismus, des »kühnsten Experimentes der Neuzeit«, zusammenprallen mit den jahrhundertealten Traditionen und Kulturen. Aber anders als die meisten ist sie bar jeden Interesses an Politik, mehr noch, sie haßt Politik und will sich ganz auf ihre Augen und Ohren verlassen.

Diese Haltung gibt ihrem Bericht Unbefangenheit und Frische, führt aber auch dazu, daß zwischen den Zeilen gelesen werden muß, wenn er politische Neugier befriedigen soll. Dennoch gewährt Ella Maillart – gleichsam wie nebenbei – Einblick in die Aufbruchstimmung und beschreibt die Schwierigkeiten beim Aufbau der jungen Sowjetmacht.

Das Einreisevisum in die Sowjetunion bekommt sie, weil sie sich verpflichtet, eine Reportage über den jungen sowjetischen Film zu verfassen. Aber von nun an bestreitet sie ihren Lebensunterhalt überwiegend mit dem Abfassen von Reisebeschreibungen. Es ist für sie das kleinere Übel, um ihr ein Leben so, wie sie es will, zu ermöglichen.

Die nächste Reise führt sie 1932 nach Zentralasien, in das sowjetische Turkestan. Bei den Kirgisen schließt sie sich für drei Monate zwei Paaren an. Anschließend reist sie vier Monate allein weiter – per Zug, Schiff und auf dem Rücken eines Kamels. *Turkestan Solo* nennt sie das Buch, in dem sie später ihre Erinnerungen an diese Reise festhält.

Ende 1934 wird sie von der französischen Zeitung »Le Petit Parisien« in das vom Bürgerkrieg zerrüttete China geschickt. Im Januar des folgenden Jahres trifft sie in Peking den »Times«-Korrespondenten Peter Fleming. Trotz Warnungen von seiten kopfschüttelnder Freunde und Experten fassen beide den tollkühnen Plan, in die besetzte Provinz im Nordwesten Chinas, Sinkiang, einzudringen. Gefahr droht nicht nur von der rauhen Wüsten-, Sumpf- und Berglandschaft, sondern auch von den aufständischen Rebellen, die in jedem Fremden einen Spion sehen. Doch das Vorhaben gelingt. Nach sechs Monaten auf der Seidenstraße kommen Maillart und Fleming in Neu Dehli an.

Was für ein ungleiches Paar! Fleming, der sich oft nach seiner vertrauten Heimat und der Londoner Szene zurücksehnt, und Maillart, die all den Glanz Europas zurücklassen will, die bei Nomaden verweilen möchte, weil das Nomadenleben ihrer Psyche Halt gibt. »Sie waren an ihrem richtigen Platz«, sagt Maillart über die Nomaden, und damit spricht sie das Thema an, das für ihr ganzes Leben bestimmt war: die Suche nach Gelassenheit und Ausgeglichenheit.

Für Fleming ist Ella Maillart ein Rätsel – schneidig und ein guter Kompagnon, obwohl nicht ganz seine Kragenweite. »Maillart ist zäh wie ein Polarhund. Sie ist eine wunderbare Reisebegleiterin, und wir kommen gut aus.«

In Wahrheit jedoch ist es ein Wunder, daß es beide, die bereits große Abenteuer allein unternommen hatten, 5000 km miteinander ausgehalten haben.

Die Gegenwart eines Reisebegleiters bringt für Ella eher Nachteile, besonders dann, wenn sie dadurch gehindert wird, ihren geliebten Nomaden näherzukommen. »Wenn eine junge Frau allein ist, ist es leicht für sie zu reisen«, sagt Maillart in einem Interview mit der BBC, »sie wird überall eingeladen, die Leute kümmern sich um sie, denn die Nomaden haben ein gutes Herz. Wenn man als Paar reist, ist man eine Einheit, und man wird allein gelassen – zwei einsame Europäer.«

Die gemeinsame Reise auf der Seidenstraße wurde von beiden dokumentiert, doch – wie nicht anders zu erwarten – auf sehr unterschiedliche Weise. »Obwohl wir den gleichen Weg gingen«, meint Ella in jenem Interview, »war meine Reise eine ganz andere als seine, als ob jeder verschieden getönte Brillen tragen würde. Das liegt an unserer Art zu denken, die wir nach außen projizieren, um die sogenannte objektive Welt zu erfassen.«

Kraft seines Denkens bleibt Peter Fleming mit seiner Welt immer verbunden, Ella Maillart aber löst sich auf ihren Reisen von der übrigen Welt, vielleicht, fügt sie selbstkritisch hinzu, weil sie diese Kraft nicht hat: »Inzwischen verbrachte ich herrliche Monate, aber auf einer anderen Bewußtseinsstufe. Das Losgelöstsein von allem wurde ein Teil von mir. Es war normal, sich an nichts zu binden, nirgends und überall bei sich zu sein, wie ein ewiger Nomade zu leben. Ich war reich und zufrieden, weit weg von zu Hause – ohne Dach überm Kopf, ohne Holz fürs Feuer, ohne Brot; im Winter auf 4000 m Höhe mit zwei Tassen Gerstenmehl pro Tag; glücklich in einer Welt des Nichts… Ich hatte Europa vergessen, und es ging an mir vorbei. Die Grenzenlosigkeit und Einsamkeit wurden ein Teil von mir. Sie offenbarten ihr tiefes Geheimnis. Wir werden nur zu vollkommenen Menschen, wenn wir direkt und unmittelbar an Orte, Personen, Gefühle und Ideen gebunden sind.«

Zum Reisen, so Maillart, braucht man nicht besonders spitzfindig zu sein; man braucht nur eine große Lust, die Menschen und Dinge in sich aufnehmen zu wollen. Aber unsere Gewohnheiten dürfen nicht wie Scheuklappen sein. Am besten man läßt, wie Ella Maillart, seine Ansichten an der Grenze zurück. Erst wenn man sich von allem Ballast freigemacht hat, kann man das Andere verstehen.

Im Gegensatz zu Peter Fleming ist es Ella Maillarts sehnlichster Wunsch, Europa, das gerade im Begriff war, sich in einen fürchterlichen Krieg hineinzumanövrieren, den Rücken zu kehren, am liebsten für immer. Im Juni 1939 reist sie mit der Fotojournalistin und Schriftstellerin Annemarie Schwarzenbach nach Afghanistan. Annemarie Schwarzenbach, im Buch *Flüchtige Idylle*, das diese Reise dokumentiert, Christina genannt, hat gerade eine Drogenentziehungskur und eine gescheiterte Ehe hinter sich.

Bezweckt die 36jährige Ella in erster Linie mit dieser Reise »fern von dem tobenden, fiebernden Europa« ihr »Inneres« zu erforschen und eine noch »nichtmechanisierte Gesellschaftsform« zu erleben, so hat die Reise für die 31jährige drogenabhängige Annemarie existentielle Bedeutung: »Diese Reise muß uns endgültig auf die Beine bringen; wir können uns gegenseitig dazu verhelfen, vernünftige, verantwortungsbewußte Menschen zu werden. Mein blindes Herumtappen im Leben ist unerträglich geworden. Was ist der Grund, der Sinn dieses Chaos, das Menschen und ganze Völker vernichtet? Und ich muß doch etwas mit meinem Leben anfangen können, es muß doch etwas geben, wofür ich froh leben oder sterben möchte!«

Die abgrundtiefe Verzweiflung und das selbstquälerische Leiden von Christina bleiben der lebenspraktischen, resoluten Ella fremd. Doch es ist für sie eine ungeheure Herausforderung, ihre Freundin »aus ihrer negativen Atmosphäre zu retten«. Und die Hoffnung, neue, intensive Erfahrungen zu machen und unberührte Landschaften und einfache Menschen zu treffen, »die im Frieden zu leben verstehen«, wie Ella Maillart im Gespräch mit C. G. Jung äußert, verbindet diese beiden, dem Leben gegenüber so grundverschieden eingestellten Frauen.

In einem Ford brechen sie auf: über den Simplon-Paß nach Italien, durch den Balkan nach Istanbul und Teheran. Nach vielen tausend Kilometern auf staubigen Straßen, in totenstillen Wüstennächten und unter komischen Intermezzi mit den Polizeigewalten erreichen die beiden endlich die wilden Berge Afghanistans, Herat und Kabul. Sechs Monate leben Kini und Christina im Hochgefühl dieser Reise durch das Land von Tausendundeiner Nacht, auf den Spuren von Dschingis Khan und Marco Polo. Aber Christina hat ihre Drogensucht mit sich genommen, was das gemeinsame Ziel der Reise in Frage stellt und ihre Freundschaft gefährdet. Ella ist tief enttäuscht, daß Christina wieder und wieder den komplizierten, grausamen Weg der Hölle wählt. Die Enttäuschung weicht aber der Besorgnis, daß Christina an ihrem Leiden zugrunde gehen könnte. »War sie nicht in ihrer Unfähigkeit, die Qualen zu überwinden, verdammt wie das moderne Europa, das ein Selbstmord in kleinen Schritten beging?« fragt Maillart in der *Flüchtigen Idylle*. Schließlich sieht sie sogar ein, daß die Leidensfähigkeit Christina einen Zugang zur Welt verschafft, die anderen Menschen verschlossen bleibt, und bewundert Christinas Streben nach einer absoluten Wahrheit. »Ich bin überzeugt, daß es ihr durch Leiden gelang, die Leiden zu überwinden. Ich pflegte sie zu bedauern, aber das war nicht nötig – sie erlebte das Tiefste, das Köstlichste: die unwandelbare Wahrheit. Die Erhabenheit dieser Wahrheit erleuchtete sie schließlich, obwohl ich nicht weiß, ob die Zeit dafür reichte, ihr Alltagsleben zu ändern.«

Maillarts Buch *Flüchtige Idylle*, das gleich nach seinem Erscheinen 1947 vergriffen war, bis es 1986 in englischer, 1987 in französischer und 1988 in deutscher Sprache wieder neuaufgelegt wurde, ist eine Hommage an Christina alias Annemarie Schwarzenbach, die zwei Jahre nach der Reise tödlich verunglückt. In memoriam schreibt Maillart in der *Flüchtigen Idylle*: »Christina, mir fehlt die Tiefe, die aus deinen Augen leuchtete, dein schrankenloses Fordern, den unstillbarer Drang, der nur durch Absolutes befriedigt werden konnte.

Die Nachricht von deinem Tod traf mich wie eine Lüge, und meine Gedanken weilten von neuem bei dir. Und langsam nur, zögernd, ist die Zahl dieser Blätter gewachsen. Wenn du auch nicht oft darin erwähnt wirst, bist du dennoch auf jeder Seite gegenwärtig, denn jede Seite gibt Kunde von dem Schmerz und den Gewissensbissen, die mich an deine Schritte hefteten. Kannst du mir meine Plumpheit verzeihen, meine falschen Auslegungen, wenn ich versuche, einige deiner Handlungen wiederzugeben? Du kennst mein Herz, seine Bewunderung für deine Redlichkeit, und du weißt, wie unmöglich es ist, dich zu beschreiben. Mögen diese Seiten mir helfen, daran zu denken, daß nur dadurch, daß wir alles fordern, wir hoffen können, das Eine zu erlangen, ohne das, wie wir einst sagten, unser Leben nicht lebenswert wäre.«

Noch heute empfindet es Ella Maillart als persönliches Versagen, daß es ihr nicht gelungen ist, der unglücklichen Freundin zu helfen. »Sie war so begabt, und sie litt entsetzlich. Es war ein dramatisches Kapitel in meinem Leben. Und zugleich eine Lektion in Bescheidenheit.«

Christinas Schicksal, wie das Europas, war nicht abzuwenden durch eine simple Rückkehr zum Naturhaften, zur Primitivität. Die Komplexität der westlichen Zivilisation war und ist störrisch und eigensinnig, aber Maillart geht trotzdem ihren eigenen Weg. In den Bergen, oberhalb von Bamian findet sie, was sie sucht: »Wir waren im Herzen einer alten, einer uralten Welt. Sie war bereits alt, als sechzehn Jahrhunderte vor Christina (jung waren damals noch die Wälder Europas), vedisches Sanskrit sprechend, arische Stämme aus dem Norden auf ihrem Weg nach Kurdistan und Indien hier durchzogen. In diesem großen leeren Raum waren jetzt nur ich und die Erde, ein Paar, das sich gut verstand. Auf das Wesentliche beschränkt, ein Gerippe von Bergen, mit dünnstem Fleisch bedeckt, gefiel mir diese Welt, wie sie war. [...] Von der Erde angenommen werden, ihre Bedeutung verstehen, dann fühlen, wie alles eine Gesamtheit ist, die Kraft dieser Einheit erleben! Dann erst wird die Zeit kommen, jeden Teil dieser Gesamtheit zu lieben, endlich befreit zu sein von der Beschränkung auf eine einzelne Liebe.«

Am liebsten hätte Ella Maillart den Einzug des Fortschritts in das Morgenland verhindert. Ist es nötig, fragt sie sich, daß jedes asiatische Land unser materialistisches Experiment bis zum bitteren Ende durchmachen muß? Fassungslos sieht sie zu, wie die Araber, Japaner, Hindus, Chinesen immer nur das Schlechte von der westlichen Welt übernehmen: »Schulen! In Kirgisistan, in der Mandschurei, in China, in Indien wird dieses Wort gebraucht, als sei es der Schlüssel zur Lösung aller Probleme. Natürlich bin ich froh, daß ich lesen und schreiben kann und zusammenzurechnen vermag, was ich am Tag ausgegeben habe, wenn ich sehe, daß mein Portemonnaie leer ist. Aber Schulen entwickeln die Eigenschaften nicht im gleichen Maße wie sie sie ersticken können mit abgedroschenen Fakten und lahmen Argumenten [...] Unsere abendländischen Ideen werden sich mit der Entwicklung der Bildung weiter ausbreiten. Diese wird einem jungen Mann dazu verhelfen, sich materiell rascher unabhängig zu machen; er wird nicht länger seinem Schwiegervater, Gholam Haidar, oder von wem immer er abhängig ist, gehorchen müssen. Aber unsere Art der Bildung ist ein gefährliches Lösungsmittel: Es spaltet, es wird ihn lehren zu kritisieren, er wird glauben, er wisse genug, um zu urteilen. Er wird die Reihen der kleinen Prometheusse vergrößern, und bald wird er sich allein fühlen, wird allein in völliger Einsamkeit gegen die Welt anschwimmen.

Die Frage ist: Sind die Vorteile von Krankenhäusern, Schulen, Zeitungen, Radioapparaten, die der frischgebackene Fabrikarbeiter zur Verfügung hat, den Verlust des Lächelns wert, das sein schweres, aber ausgeglichenes Leben begleitete? Sowjetrußland antwortet: Ja, weil die Gewinne der Fabriken nicht mehr einem Schah oder einem Plutokraten zufallen, sondern schließlich wieder dem Arbeiter zugute kommen. Ich sage Nein, weil ich überzeugt bin, daß wenn man den besten Teil seiner Energie dazu verwendet, jahrein, jahraus acht Stunden am Tag zwei Schritte vor und zwei Schritte zurückzumachen, um die Fäden einer teuflischen Webmaschine in Ordnung zu halten, keine Inspiration oder Vitalität übrigbleibt, um während des Restes des Tages sein eigenes Leben zu leben.«

Während in Europa der Zweite Weltkrieg tobt, lebt Maillart in Indien. Der große Ramana Maharischi wird ihr spiritueller Lehrmeister. Zwanzig Jahre hatte sie auf ihren Reisen nach der Wahrheit gesucht, bis sie erkennt, daß keine Reise ans Ende der Welt führt, daß man immer wieder auf sich selbst zurückgeworfen wird. Auch wenn man aufgebrochen war, um alles hinter sich zu lassen, nimmt man überall seine Eigenheiten mit. »Am Ende einer Reise stoße ich immer wieder auf mich, und ich bereue es, daß ich so viele Jahre vertan habe, bis ich den Mut hatte, mich selbst kennenzulernen.«

Ein erfülltes Leben – das strahlt die heute 86jährige aus, wenn man die Kosmopolitin in ihrem Sommerhaus in den Walliser Alpen besucht. Dort hat sie sich all die Jahre ein bißchen Ruhe gegönnt, bevor sie wieder zur nächsten Reise aufgebrochen ist. Und man ist fast beschämt angesichts von Ella Maillarts Vitalität, von der man sich erhofft, daß sie in ihrer Nähe auf einen selbst überspringt.

Brigritte Ebersbach